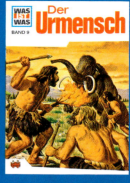
   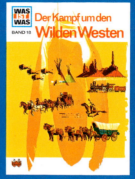 

  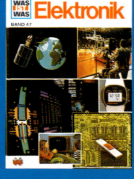 

Weitere Titel siehe letzte Seite.

Ein  Buch

Briefmarken

Von Hans Reichardt

Illustrationen von Anne-Lies Ihme
und Gerd Werner

„100 Jahre Postwertzeichen Thurn und Taxis" — Bundespost 1952

Tessloff Verlag

Vorwort

Die ersten Briefmarkensammler der Welt pflegten ihr Hobby auf merkwürdige Art: Sie spießten die Marken auf Stecknadeln wie Schmetterlinge, klebten sie auf Tapeten, auf Lampenschirme oder gar an die Innenwände hochherrschaftlicher Kutschen. Ohne es zu wissen, vernichteten sie damit – heutige Preise zugrunde gelegt – Millionenwerte. Andererseits verdanken wir es diesen ersten Sammlern, daß gerade die ältesten, die „klassischen" Marken, heute so selten und daher so teuer sind.

Heute ist man sich bewußt, daß die „Postwertzeichen", wie die Briefmarken offiziell heißen, einen Sammlerwert haben. Man hat aber auch ihren anderen, ihren ideellen Wert erkannt. Briefmarken sind kleine Kunstwerke, die in mannigfaltiger Form von der Geschichte, der wirtschaftlichen und der kulturellen Entwicklung ihres Landes berichten. Es gibt fast kein bedeutendes Ereignis, kein berühmtes Bauwerk und wenig berühmte Männer oder Frauen, die nicht auf einer Briefmarke verewigt wurden. Briefmarken sind kleine, papierene Botschafter ihres Landes.

So ist es denn kein Wunder, daß es heute in aller Welt viele Millionen „Philatelisten" (Briefmarkensammler) gibt. Das „Hobby mit Zähnen" ist mit großem Abstand vor allen anderen das beliebteste und verbreitetste Hobby der Welt.

Dieser Band „Briefmarken" aus der WAS IST WAS-Reihe will den jungen Leser in die bunte, lehrreiche Welt der Briefmarken einführen und sein Interesse an den kleinen Kunstwerken wecken. Das Buch erzählt ernste und heitere Geschichten von kleinen und großen Sammlern, es informiert über die Vorgeschichte der Marken und über die Herstellung, und es zeigt schließlich, wie man mit Briefmarken umzugehen hat.

Sammler oder Noch-nicht-Sammler – der junge Leser wird in diesem Buch vieles erfahren, was er noch nicht wußte und was ihn interessiert.

WAS IST WAS, Band 52

Copyright © 1973 Tessloff Verlag · Nürnberg · Hamburg
Die Verbreitung dieses Buches oder von Teilen daraus durch Film, Funk oder Fernsehen, der Nachdruck
und die fotomechanische Wiedergabe sind nur mit Genehmigung des Tessloff Verlages gestattet.

ISBN 3-7886-2920-7

Inhalt

Als es noch keine Briefmarken gab　4

Wer schrieb den ersten Brief?　4
Wo gab es die erste Post?　5
Wie sahen die ersten Geheimbriefe aus?　5
Wie entstand der Name „Post"?　6
Woher kommt das Posthorn?　6
Seit wann wird Porto im voraus bezahlt?　7

Die Geburt der Briefmarke　8

Wer erfand die Briefmarke?　8
Wann wurde die erste Briefmarke verkauft?　8
Wie viele Marken wurden zuerst gedruckt?　10
Wessen Bild erscheint auf jeder britischen Marke?　10
Welches ist die teuerste Marke der Welt?　10
Warum kostet eine 50-Milliarden-Marke heute nur eine Mark?　11
Was können Briefmarken erzählen?　11
Hatte jedes Land seine eigene Post?　11
Wie viele deutsche Staaten hatten keine Post?　12
Wo startete die erste Luftpost?　12
Wie viele Briefmarken werden täglich verbraucht?　13

Wie eine Briefmarke entsteht　14

Was ist Tiefdruck?　14
Was ist Hochdruck?　15
Was ist Offsetdruck?　15
Gezähnt, durchstochen, geschnitten?　16
Warum haben viele Briefmarken Wasserzeichen?　16
Was haben Briefmarken und Geld gemeinsam?　16
Wie wird eine Briefmarke entworfen?　17
Was macht der Kunstbeirat der Bundespost?　17

Von Sammlungen und Sammlern　18

Wozu benutzten die ersten Sammler die Briefmarken?　18
Wann erschien das erste Briefmarkenalbum?　18
Wie kam der Sachsen-Dreier aufs Ofenrohr?　19
Wieviel Geld braucht man für eine Sammlung?　20
Wer war der „König der Sammler"?　20
Wer besitzt die größte Sammlung der Welt?　21
Warum gilt Sammeln als Hobby der Könige?　21
Was ist ein „Philatelist"?　21
Wo blieb die Sammlung des Reichspostmuseums?　22
Wie erwarb die Post die Mauritius?　22
Wer wurde wegen einer Briefmarke ermordet?　23

Welcher Spion benutzte Marken als Geheimcode?　23

Was man alles sammeln kann　24

Warum gibt es keine Generalsammler mehr?　24
Was ist ein Motivsammler?　24
Was sind Europamarken?　26
Was ist Katastrophenpost?　26
Was soll man sammeln: postfrisch oder gestempelt?　26
Was ist ein Spezialsammler?　28
Was sind Ersttagsbriefe?　29

Von Fehldrucken und anderen Raritäten　30

Welches sind die berühmtesten Marken der Welt?　30
Was nennt man bei Briefmarken Druckfehler?　31
Wie schnell wuchs der Bart des Kolumbus?　31
Auf welcher Marke ist fast alles falsch?　32
Was ist ein Fehldruck?　32
Wie entsteht ein Farbfehldruck?　33
Wie machte die Post teure Marken billig?　34
Wie entsteht ein Plattenfehler?　34

Von Fälschungen und Fälschern　35

Seit wann werden Marken gefälscht?　36
Darf man alte Briefmarken nachmachen?　36
Warum werden Stempel gefälscht?　36
Was verriet den Hamburger Stempelfälscher?　38
Wie schützt man sich vor Fälschungen?　39
Kann man jedem Prüfzeichen trauen?　39
Warum fälschte England deutsche Marken?　40
Was sind Propaganda-Marken?　40

Vom Umgang mit Briefmarken　41

Einsteckbuch oder Album?　41
Was ist ein Jugendalbum?　42
Wie liest man einen Briefmarkenkatalog?　42
Welcher Sammler braucht Klemmtaschen?　42
Was braucht ein Sammler noch?　44
Wie findet man das Wasserzeichen?　44
Soll man beschädigte Marken sammeln?　46
Wie löst man die Marken vom Brief ab?　47

Das kleine Lexikon der Philatelie　48

Altägyptische Läufer, die im Dienst des Pharao beschriebene Papyrusrollen oder Tontafeln überbrachten, waren die ersten Briefträger der Welt. Seither ist Postbote ein überall geachteter Beruf

Als es noch keine Briefmarken gab

Wer schrieb den ersten Brief?

Vor rund 5 000 Jahren wurde die Schrift erfunden. Sie entwickelte sich aus der „Buchführung" der sumerischen Steuereinnehmer und verbreitete sich rasch in alle Kulturländer der damaligen Zeit. Die Bildzeichen dienten anfangs vorwiegend der Verwaltung und Wirtschaft — der größte Teil der ältesten Tontafeln, die ausgegraben wurden, zeigt Rechnungen und statistische Angaben. Die Herrscher der Länder nutzten diese wunderbare Erfindung Schrift aber auch, um damit wichtige Ereignisse auf Denkmälern zu verewigen, um ihre Erlasse auf steinernen Säulen und Tafeln zu verkünden. Grabstätten wurden mit den Namen der Verstorbenen und mit kultischen Sprüchen beschrieben.

Eines Tages aber hatte ein Mann eine neue Idee: Er schrieb einen Brief. Heute klingt das ganz alltäglich, aber damals war es eine Sensation. Denn bis dahin war noch niemand auf den Gedanken gekommen, einem anderen einzelnen Menschen etwas schriftlich mitzuteilen. Wir wissen nicht, wer es war, der diesen ersten Brief schrieb. Vermutlich war es ein König, der eine Botschaft, wie sie vorher seine Boten nur mündlich überbrachten, einem anderen Herrscher schriftlich zustellen ließ. Bestimmt geschah es im Vorderen Orient.

Vieles spricht dafür, daß der erste Briefschreiber ein Ägypter war. Die Ägypter waren zu jener Zeit das schreibfreudigste Volk der Erde.

Fast gleichzeitig mit der Entwicklung ihrer Hieroglyphenschrift erfanden sie den Papyrus. Beschrieben wurde er mit schwarzer oder roter Tinte, die aus Ruß oder Ocker, mit Wasser vermischt, hergestellt wurde. Daneben schrieb man aber auch auf Tontäfelchen oder Kalksteinscherben, denn Papyrus war sehr teuer.

Wo gab es die erste Post?

Bei den reichen Ägyptern wurde es bald Mode, Briefe zu schreiben. Und das brachte einen klugen Mann auf eine neue revolutionäre Idee. Warum, so überlegte er, soll ein Bote immer nur mit einem einzigen Brief loslaufen? Er könnte doch die Briefe der Nachbarn mitnehmen, dann brauchte nicht jeder einen seiner Sklaven tagelang zu entbehren. So geschah es – und natürlich ließ der Besitzer des Boten sich den Transport fremder Briefe bezahlen. So begann es mit der Post.
Aus alten Dokumenten weiß man, daß es in Ägypten schon 1200 Jahre v. Chr. regelmäßigen Postverkehr gab. Von der Hauptstadt Memphis führten Straßen nach Karthago, nach Äthiopien, ja selbst bis Indien – und auf all diesen Straßen eilten nun Boten hin und her – die ersten Briefträger der Welt. Und von dieser Zeit an ist der Postbote ein geachteter und anerkannter Beruf.

Wie sahen die ersten Geheimbriefe aus?

Die ersten Geheimbriefe wurden auf Papyrus geschrieben. Das machte man so: Ein Papyrusstreifen wurde schräg um einen runden Holzstab gewickelt. Der Durchmesser dieses Stabes war nur dem Absender und dem Empfänger des Briefes bekannt. Auf die so entstandene Oberfläche schrieb der Absender seinen Brief und wickelte dann das Briefpapier von dem Stab. Der Empfänger hatte einen gleichdicken Stab. Um diesen wickelte er den empfangenen Brief, und schon setzten sich die verstümmelten Zeichen wieder zu lesbaren Hieroglyphen zusammen. Mit unserer heutigen Schrift würde es uns nicht schwerfallen, einen auf solche Weise geschriebenen Brief zu entschlüsseln, auch wenn wir die Dicke des Stabes nicht kennen. Man muß jedoch bedenken, daß die frühe Schrift aus Bildzeichen bestand, die schon normalerweise nicht so leicht zu „lesen" waren – man mußte jedes Zeichen deuten und außerdem den Sinnzusammenhang von einem zum nächsten herausfinden.

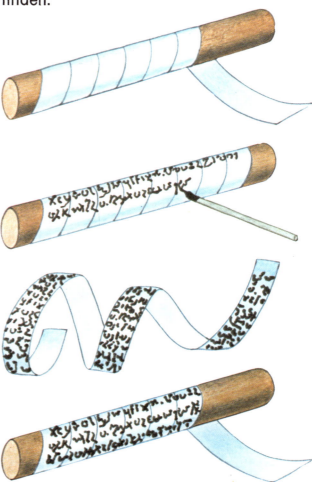

So sahen die Geheimbriefe der alten orientalischen Herrscher aus: Ein Papyrusstreifen wurde auf einen Stab gewickelt, das Papier beschrieben und abgewickelt. Wenn der Empfänger den Streifen auf einen Stab gleicher Dicke wickelte, konnte er die Geheimbotschaft entziffern

Wie entstand der Name „Post"?

Vor 2000 Jahren war bereits die ganze Welt, soweit man sie damals kannte, mit einem dichten Postnetz überzogen. In Indien eilten Schnelläufer zwischen zahlreichen Poststationen hin und her. Sie trugen eine Schelle, und jedermann mußte ihnen ausweichen. Kyros, der Gründer des Perser-Reiches, gründete im 6. Jahrhundert v. Chr. in seinem Riesenreich die erste Staatspost. Berittene Boten legten die „Königstraße" von Sardes nach Susa — 2500 Kilometer mit 111 Poststationen — in fünf bis sieben Tagen zurück. Dort, und später auch in Gallien, dem heutigen Frankreich, gab es den ersten Telegrammdienst: In Rufweite voneinander standen Männer, die Eilnachrichten von Mund zu Mund weitergaben.

Im Römischen Reich mit seinem 80 000 Kilometer langen Straßennetz richtete Kaiser Augustus um die Zeitenwende eine Staatspost ein. Sie hieß „cursus publicus", d. h. „öffentlicher Runddienst". Die Postwagen nahmen Reisende und Briefe mit; die Gebühren errechnete man aus einem am Postfahrzeug angebrachten Zeit- und Entfernungsmesser. Die Wagen fuhren von Poststation zu Poststation, von denen jede Pferde zum Wechseln bereithielt. Diese Stationen hießen auf lateinisch „posita" — von diesem Wort kommt der heutige deutsche Name „Post".

Im Mittelalter verlagerte sich der politische und kulturelle Schwerpunkt der Welt nach Mitteleuropa. Auch hier merkte man schnell, daß die Post eine nützliche Einrichtung war, mit der sich außerdem viel Geld verdienen ließ. Städte, Bistümer, Klöster und Universitäten gründeten eigene Postlinien. Wandernde Bettelmönche spielten Briefträger auf eigene Rechnung.

Woher kommt das Posthorn?

Die einzigen „kleinen Leute", die damals Pferd und Wagen besaßen, waren die Metzger. Sie fuhren damit zum Vieheinkauf über Land. Um etwas nebenher zu verdienen, nahmen sie auch Post mit. Die Metzgerpost stand bald im Ruf großer Zuverlässigkeit. Wenn ein Metzger in ein Dorf einfuhr, setzte er ein Horn an den Mund und blies ein kräftiges „Trara". Das hieß: „Der Metzger ist da", es hieß aber auch: „Die Post ist da!" So wurde aus dem Metzgerhorn das Posthorn — heute das Symbol der Post in aller Welt.

Die ersten Postuniformen gab es um

Um die Zeitenwende betrug die Gesamtlänge des römischen Straßennetzes etwa 80 000 Kilometer. Es reichte von Spanien im Westen bis Kleinasien im Osten, von der britischen Insel im Norden bis in das Innere des schwarzen Erdteils Afrika

Wandernde Mönche waren die billigsten Postboten des Mittelalters. Daneben gab es Kaufmanns- und Universitätspost sowie städtische und fürstliche Postboten

1200 in Deutschland. Die Postboten des deutschen Ritterordens hatten nicht nur eine strenge Rangordnung, sondern auch eine schmucke Uniform. Und es gab Unterschiede im Posttarif: Ein Brief von Marienburg in Ostpreußen, dem Sitz des Ritterordens, nach Rom kostete — von uniformierten reitenden Boten befördert — nach heutigem Geld zehn Mark; der gleiche Brief, von Mönchen transportiert, kostete nur eine Mark. Unterschied: Der vom schwerbewaffneten und schnell reitenden Boten beförderte Brief kam natürlich rascher und sicherer nach Rom als der von einem wehrlosen, zu Fuß gehenden Mönch. Der Reiter-Brief war also sozusagen „Einschreiben" und „Eilboten".

Das Porto wurde damals hinterher, also vom Empfänger bezahlt. Das hatte zwei Gründe: erstens entsprach es den kaufmännischen Regeln jener Zeit, den Lohn erst nach getaner Arbeit zu entrichten; zweitens war das Vertrauen in die damalige Post nicht allzu groß. Wenn der Brief erst am Bestimmungsort bezahlt wird, so dachte man damals, wird die Post sich eher bemühen, das Postgut an seinen Bestimmungsort zu bringen und dort abzuliefern. In dem Brief eines französischen Adligen aus dem 17. Jahrhundert an einen Freund heißt es: „Zögern Sie nicht, wenn es Ihnen beliebt, mir zu schreiben und die Beförderungsgebühr bei mir kassieren zu lassen, auf daß die Postboten williger sind, den Brief bei mir abzuliefern."

Seit wann wird Porto im voraus bezahlt?

Am 18. Juli 1653 verpachtete der Franzosenkönig Ludwig XIV. (der „Sonnenkönig") die Pariser Stadtpost an den Staatsrat Jean Jacques Renouard de Valayer. Dieser Monsieur führte etwas völlig Neues ein: Er verlangte das Porto im voraus; der Absender bezahlte und erhielt als Quittung einen Papierstreifen, auf dem neben dem Datum und dem bezahlten Betrag die Worte „Port payé" (Gebühr bezahlt) standen. Der Papierstreifen wurde an den Brief geheftet und machte dessen Reise zum Empfänger mit.

Auf großen Plakaten wies Valayer auf die Vorteile seines Systems hin:
1. Seine Post ging schneller, da die Boten beim Empfänger nicht auf Bezahlung der Gebühr zu warten brauchten.
2. Es sei nur richtig und in Ordnung, daß derjenige, der einen Brief zu schreiben wünscht, auch die Kosten dafür zu tragen habe.
3. Mit dieser Post können „die Leute an Personen schreiben, denen sie aus besonderer Höflichkeit nicht zumuten möchten, die Postgebühr zu bezahlen". Mit diesen „Billets de port payé" war die Grundidee der Briefmarke geboren. Allein in Paris gab es 1780 bereits 541 Briefkästen. Sie waren in Geschäften aufgestellt, deren Angestellte die Portoquittungen verkauften.

Die Geburt
der Briefmarke

Im Jahre 1836 erschien beim britischen

Wer erfand die Briefmarke?

Generalpostmeister Sir William Lichfield der Lehrer Rowland Hill und schlug vor, man solle das Porto nicht mehr beim Empfänger kassieren, sondern die Sendung schon vom Absender bezahlen lassen. Als Nachweis sollte man nicht etwa, wie in Paris, einen Papierstreifen beifügen, sondern ein kleines vorgedrucktes, gummiertes Stück Papier, das auf den Briefumschlag aufgeklebt werden sollte.

An ähnlichen Ideen hatte es schon vorher nicht gefehlt. 1823 hatte der schwedische Offizier Gabriel Curry Treffenberg im schwedischen Reichstag einen Antrag zur Postreform eingebracht: „ . . . eine Art gestempelten Papieres zu verschiedenen Werten, das gegen bar . . . öffentlich zum Verkauf feilzuhalten sei." Das Zentralpostamt in Stockholm urteilte: „Unsinn!"

Über zehn Jahre später hatte auch ein Österreicher, ein Herr Ludwig Koschier, seiner Regierung vorgeschlagen, vorgedruckte Portoquittungen einzuführen; und James Chalmers schließlich, Buchdrucker und Verleger in Schottland, stellte 1837 die ersten aufklebbaren Briefmarken her — allerdings nur Probedrucke auf eigene Rechnung.

Am 6. Mai 1840, vier Jahre nach Hills

Wann wurde die erste Briefmarke verkauft?

Besuch beim Generalpostmeister, wurden an den britischen Postschaltern die ersten Briefmarken der Welt verkauft. Nach 15 weiteren Jahren saß Rowland Hill auf dem Sessel des Sir William; jetzt war er Generalpostmeister Ihrer Majestät. Der Adelstitel, ein Geschenk von 660 000 Mark und 40 000 Mark Jahrespension waren die Belohnung der jungen Königin Victoria für den Vater der Briefmarke. Die Geschichte der modernen Post hatte begonnen.

Genau genommen ist diese Geschichte allerdings noch vier Tage älter: Ein Londoner Postbeamter hatte entweder die Dienstanweisung über die neumodischen Briefmarken nicht genau gelesen oder er konnte die Zeit nicht abwarten. Tatsächlich hat er schon am 2. Mai 1840 eine Marke verkauft und abgestempelt. Diese Marke wurde, noch auf dem Brief, erst kürzlich von einem Sammler entdeckt.

Die Geschichte der modernen Post begann mit einer der schönsten Briefmarken, die je erschienen ist. In einem öffentlichen Wettbewerb, ausgeschrieben vom Britischen Schatzamt, wurde das Publikum aufgefordert, Entwürfe für die erste Marke einzureichen. Im Nu war das Schatzamt mit einer Flut von Vorschlägen überschwemmt. 2700 Zeichnungen mußten gesichtet und bewertet werden. Übrig blieb ein Profilbild der jungen Königin Victoria, entworfen von William Wyons. Den Stahlstich besorgten nicht weniger kunstfertig zwei Stecher, Vater und Sohn Heath.

Er erfand die Briefmarke: Rowland Hill auf einer Marke der Republik Honduras aus dem Jahr 1965

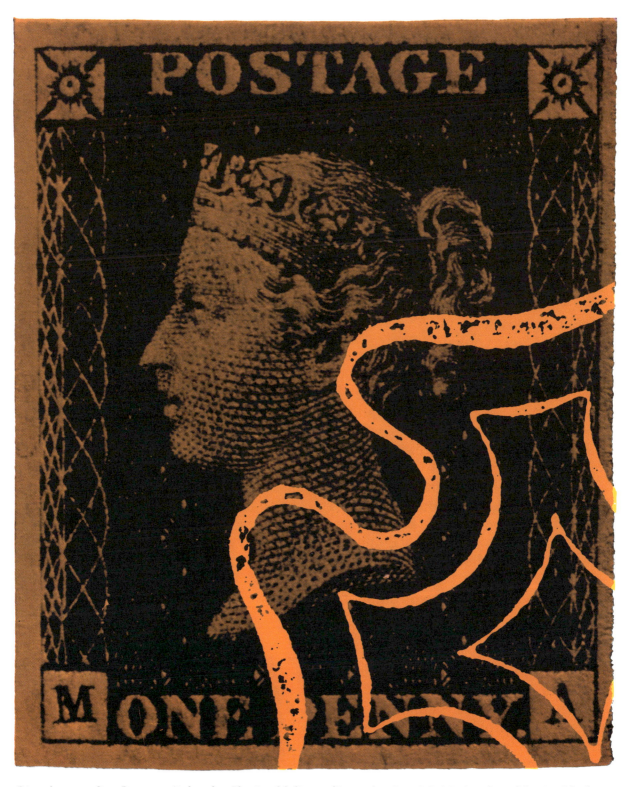

Die schwarze One Penny, mit dem berühmten Malteser-Stempel entwertet, ist eine der schönsten Marken. Sie und die blaue Zwei Pence, die am 8. 5. 1840 erschien, sind die ersten Briefmarken der Welt.

Wie viele Marken wurden zuerst gedruckt?

Diese Marke erschien in zwei Wertstufen, ein Penny und zwei Penny. Aber mit der Drucktechnik war es 1840 noch nicht weit her. Die schwarze One Penny war einmal tiefdunkel rußig schwarz, ein anderes Mal hellgrau, und es gab alle Schattierungen dazwischen. Mit der blauen Two Pence war es nicht besser: Ihre Farbe schwankte zwischen dunkelblau und matt-ultramarin.

Von diesen beiden Marken wurden insgesamt 25 Millionen Stück gedruckt. Für die damalige Zeit war das eine ungeheuer hohe Auflage. Heute werden in Großbritannien Tag für Tag über 30 Millionen Marken gekauft.

Wessen Bild erscheint auf jeder britischen Marke?

Diese ersten Marken der Welt begründeten gleich zwei britische Traditionen, an denen das Vereinigte Königreich noch heute festhält: Es gibt keine Briefmarke vom Mutterland des Commonwealth ohne das Bild des jeweiligen Herrschers. Und: Auf Englands Marken werden die Königinnen nicht älter. Als Victoria 1901 starb, waren auf der Insel inzwischen 101 verschiedene Briefmarken erschienen. Aber auf allen war die Herrscherin das hübsche junge Mädchen von 1840 geblieben. An Königinnen geht — jedenfalls auf Briefmarken — die Zeit spurlos vorbei.

Das ist bis heute so geblieben. Vergleicht man Großbritanniens heutige Marken mit den Ausgaben von 1952, die zum erstenmal den Kopf der jungen Elizabeth II. zeigten, so scheint die Königin eher jünger geworden zu sein. Englands Briefmarken machten Schule. 1842 brachten die USA ihre ersten Marken heraus, ein Jahr später die Schweiz und Brasilien, und am 1. November 1849 wurde die erste deutsche Briefmarke verkauft, der berühmte Schwarze Einser des Königreiches Bayern. Die Briefmarke hatte sich durchgesetzt.

Seit dem 6. Mai 1840 bis heute sind insgesamt fast 200 000 verschiedene Briefmarken erschienen; allein in Deutschland sind es mehr als 4000. Eine Sammlung „Deutschland komplett" würde mehrere Millionen Mark wert sein.

Welches ist die teuerste Marke der Welt?

Die teuerste Marke der Welt ist heute die „Rote 1-Cent-Guiana". Sie wurde 1980 für rund 1,7 Millionen Mark verkauft. Hier ihre Geschichte: Im Jahre 1873 fand ein Junge in Georgetown (England) einen alten Brief mit einer stark verschmutzten roten Marke. Sie zeigte ein Segelschiff. Der Junge verkaufte die Marke für drei Mark an einen Sammler. Vor dort ging sie für 1 300 Mark nach Liverpool, und als man feststellte, daß sie ein „Unikum" ist, daß es also von dieser Marke nur dies eine Exemplar gibt, stieg ihr Wert immer weiter.

Wer sie besitzt, weiß man nicht bestimmt. Fachleute glauben jedoch, daß

Beide Bilder, das Foto der britischen Königin und die Drei Penny-Marke, stammen aus dem Jahr 1971. Sie beweisen eine britische Tradition: Zwar werden auch Königinnen älter, aber auf Briefmarken geht die Zeit spurlos an ihnen vorbei

sie sich im Tresor des US-Nylonkönigs Dupont befindet.

Es gibt allerdings Briefmarken-Experten, die die Echtheit dieser Marke bestreiten. Die Britische Briefmarkensammlervereinigung hat der British Guayana rot bisher das Signum „echt" verweigert. Echt oder nicht — Tatsache ist, daß sie die teuerste Marke der Welt, mehr noch, das teuerste Material der Welt überhaupt ist.

Wenn man das Gewicht einer wertvollen Briefmarke berücksichtigt und ihren Preis mit dem entsprechenden Gewicht irgend eines anderen kostbaren Materials vergleicht, kommt man zu dem Ergebnis: Briefmarken sind das teuerste Material, das es überhaupt gibt. Das läßt sich beweisen.

Eine Briefmarke wiegt etwa 1/20stel Gramm. Von dem bayrischen Schwarzen Einser gibt es 20 000 Stück, die zusammen also ein Kilogramm wiegen. Diese Marke kostet heute Stück für Stück etwa 1 500 Mark, das ganze Kilo also 20 000 mal 1 500 = 30 Millionen Mark. Nichts auf der Welt, kein Edelstein, kein Gemälde und keine noch so teure Mondrakete ist im Kilopreis teurer!

Die teuerste Marke der Welt: 1923, während der Inflation, kostete sie an deutschen Postschaltern 50 Milliarden Mark. Heute kostet sie gezähnt eine Mark, durchstochen (Bild) zwei Mark

Warum kostet eine 50-Milliarden-Marke heute nur eine Mark?

Den höchsten Betrag für eine postfrische Briefmarke zahlte man im Jahr 1923 in Deutschland: Wer sie kaufen wollte, mußte genau 50 Milliarden Mark bezahlen. Für diese ungeheure Summe brachte ihm die Marke aber nichts ein als den Transport einer Postkarte — sagen wir von Hamburg-Nord nach Hamburg-Süd.

Denn die 50 Milliarden Mark, die er auf den Tisch legen mußte, waren Inflationsmark. Buchstäblich über Nacht, nämlich in der Nacht vom 30. November zum 1. Dezember 1923, kostete die gleiche Postkarte nur noch fünf Pfennig Porto. Die Inflation war zu Ende, neue Währung waren Rentenmark und Rentenpfennig. Heute kann man diese vorübergehend teuerste Marke der Welt für rund eine Mark in jedem Briefmarkengeschäft kaufen.

Was können Briefmarken erzählen?

Hier zeigt sich: Briefmarken sind nicht nur ein Sammelobjekt. Sie sind auch Dokumente der Zeitgeschichte. Briefmarken erweitern das Wissen. Von Briefmarken kann man ablesen, wer Amerika entdeckt hat, wann Thomas Mann oder Goethe geboren wurden, wann das Deutsche Kaiserreich gegründet wurde und wann der Zweite Weltkrieg zu Ende war. Fast jedes wichtige Ereignis der Welt findet sich auf Briefmarken wieder.

Hatte jedes Land seine eigene Post?

Es gibt kein Land ohne Briefmarken. Es gibt aber Briefmarken ohne Land. Die Briefmarken von Thurn und Taxis z. B. sind bei Deutschland-Sammlern sehr beliebt. Wer aber auf dem Atlas das Land Thurn und Taxis sucht, wird es vergebens suchen. Es gibt zwar die Fürsten von Thurn und Taxis, aber sie waren schon immer Fürsten ohne Land.

11

Wie viele deutsche Staaten hatten keine Post?

Zu Beginn des 16. Jahrhunderts hatten die Thurn und Taxis, ein aus Italien eingewandertes Geschlecht, große Teile Europas mit einem Postnetz überzogen, das seinen Benutzern große Sicherheit und seinen Besitzern großen Gewinn einbrachte. Knapp 100 Jahre später erhielt Lamoral I. von Thurn und Taxis das Postmonopol — damals hieß es „Reichs-Erb-Generalpostmeisteramt" — für das gesamte deutsche Reich und die Niederlande. Große Staaten wie Preußen, Bayern und Sachsen richteten zwar eigene Postanstalten ein, rund 30 deutsche Kleinstaaten blieben jedoch bei der bewährten Post der Thurn und Taxis, die ab 1852 eigene Marken herausgab. 1867 kaufte der preußische König dem Fürsten Maximilian von Thurn und Taxis seine „Postgerechtsame" für drei Millionen preußische Taler ab.

Seither sind die Marken dieser Post ohne Land nicht nur beliebte Sammelobjekte, sondern auch interessante Dokumente aus Deutschlands Geschichte.

Wo startete die erste Luftpost?

Auch die ersten Luftpostbriefe der Welt sind Dokumente der Geschichte, Dokumente aus dem deutsch-französischen Krieg 1870/71. Die deutschen Truppen hatten einen nahezu un-

Als Paris 1870/71 von deutschen Truppen belagert wurde, starteten 55 Heißluftballons in der eingeschlossenen Stadt, um Personen und Post zu befördern. Drei Ballons gingen verloren. — Ähnliche Ballonstarts gab es 1870 auch in der eingeschlossenen französischen Stadtfestung Metz. 1915, während des ersten Weltkrieges, ließen Österreicher aus der von den Russen eingeschlossenen Festung Przemysl 14 Ballons aufsteigen

durchdringlichen Belagerungsring um die feindliche Hauptstadt Paris gelegt, die französische Regierung war vom unbesetzten Teil Frankreichs vollständig abgeschnitten.

Die Franzosen wußten sich zu helfen. Vom September 1870 bis Januar 1871 stiegen in der umzingelten Stadt insgesamt 55 Heißluftballons auf, nach ihrem Erfinder „Montgolfièren" genannt. Sie beförderten Passagiere sowie Post und in der Hauptstadt gedruckte Zeitungen. Diese ersten Luftpostbriefe der Welt, sie trugen die Aufschrift „Par ballon monté" (frz., durch bemannten Ballon), gehören heute zu den Prunkstücken jedes Luftpost- oder Frankreichsammlers. So bekam man die Post aus Paris hinaus. Aber wie kam Post hinein? Auch dafür hatten sich die Franzosen etwas einfallen lassen. Brieftauben wurden per Ballon aus Paris ausgeflogen und bei ihrem Rückflug als Postboten benutzt. Die Briefe wurden in kleinen Kapseln untergebracht, die am Hals der Tauben festgemacht wurden. Damit pro Flug möglichst viel Post befördert werden konnte, wurden die Texte vor dem Abflug fotografisch verkleinert und in Paris wieder auf die ursprüngliche Größe gebracht.

Auch die Seine bot sich als Transportweg an. Hohle Zinkkugeln wurden so mit Post und Ballast beladen, daß sie einen Meter unter der Wasseroberfläche schwammen. Dann wurden sie in die Seine geworfen und sollten mit der Strömung, mitten durch den deutschen Belagerungsring, ungesehen in die Hände der Verteidiger gelangen.

Die Idee war gut, aber der Erfolg war nicht groß. Von den 55 Ballons erreichten immerhin 53 ihr Ziel. Aber nur jede sechste Brieftaube kam in ihren Schlag zurück, und von der Unterwasserpost kam nichts an.

Die erste Luftpost in Deutschland wurde 1912 mit Flugzeugen und Zeppelinen befördert.

Wie viele Briefmarken werden täglich verbraucht?

Tag für Tag werden in der ganzen Welt weit über 100 Millionen Briefmarken, amtlich „Postwertzeichen" genannt, verkauft. Die meisten von ihnen sind Marken der sogenannten „Dauerserien". Das sind verhältnismäßig einfach gestaltete Marken, die oft das Bild des Staatsoberhauptes oder eines anderen Symbols des jeweiligen Landes zeigen.

Daneben gibt es Sondermarken, die an Geburts- oder Todestage von Künstlern, Politikern oder Wissenschaftlern erinnern, auf das Jubiläum einer Stadt oder einer Organisation oder auf eine bestimmte Veranstaltung hinweisen.
Eine Sonderform ist die Zuschlagmarke. Der Zuschlag ist meist für einen guten, gemeinnützigen Zweck bestimmt. Wenn eine Zuschlagmarke zum Beispiel 50 + 30 Pfennig kostet, behält die Post 50 Pfennig als Beförderungsgebühr für sich; die restlichen 30 Pfennig werden an eine Organisation weitergeleitet, die sich dem auf der Marke angesprochenen Gedanken verpflichtet hat (Jugendhilfe, Naturschutz, Wohltätigkeitsverbände, Olympische Spiele usw).

Viele Länder haben besondere Briefmarken für Luftpost-, Eil-, Zeitungs-, Rohrpost und Telegramme oder andere postalische Beförderungsarten. In der Bundesrepublik Deutschland gibt es nur Dauer- und Sondermarken.

Zu besonderen Anlässen geben einige Postverwaltungen „Blocks" heraus. Blocks sind eine oder mehrere Sondermarken mit besonders großem und oft beschriftetem Papierrand. Mit Blocks darf man Briefe frankieren, also „freimachen". Man sagt auch, sie sind „frankaturgültig". Sie können mit dem Papierrand auf Briefe und Postkarten geklebt werden. Sie werden aber fast nur von Sammlern erworben.

Wie eine Briefmarke entsteht

Was ist Tiefdruck?

Die ersten Briefmarken der Welt, die britischen Penny-Marken mit dem Kopfbild der Königin Victoria, wurden im Stichtiefdruck hergestellt. Das war damals das beste und feinste Druckverfahren. Das Beste und Feinste, so entschied die Regierung, war für den Kopf der Königin gerade gut genug.

Als Vorlage diente eine Medaille mit dem Kopfbild der Königin. Die Graveure Charles und Frederick Heath setzten dieses Kopfbild in eine Zeichnung um, die nur noch aus Punkten und Strichen bestand. Diese wurden mit einem harten Stahlstichel in eine weichere Stahlplatte geritzt — was auf der Briefmarke farbig erscheinen sollte, wurde als Punkt oder Linie in den Stahl „gestochen". Die so entstandene „Urplatte" wurde gehärtet. Nun wurde eine Walze aus weichem Stahl, die „Molette", unter hohem Druck über die Urplatte gerollt. Dabei prägten sich die Vertiefungen auf der Urplatte als erhabene Linien und Punkte auf der Molette ab. Auch die Molette wurde gehärtet und wiederum unter hohem Druck über eine andere weiche Stahlplatte gerollt. Bei jeder Umdrehung hinterließ die Molette auf der Druckplatte einen Eindruck, der in Größe und Vertiefungen genau der Urplatte entsprach. Mit der Molette wurde diese Urplatte also vervielfältigt. Von dieser Platte wurde gedruckt. Zunächst wurde sie völlig mit Farbe bedeckt. Wischte man die Farbe mit einem Schaber ab, war die Plattenoberfläche spiegelblank, die Vertiefungen jedoch blieben voller Farbe. Wenn man die Platte auf ein Stück Papier legte, wurde die Farbe in den Vertiefungen vom Papier aufgesogen. So entstand das Bild, das dem Stecher als Vorlage gedient hatte.

Die Victoria-Marken wurden in Bögen zu 240 Marken gedruckt, je 12 Marken neben- und 20 untereinander.

An dieser Technik hat sich im Tiefdruck seit damals im Prinzip nichts geändert. Das Papier wird allerdings nicht mehr einzeln und von Hand auf die Druckplatte gelegt. Heute laufen endlose Papierbahnen durch die Rotationspressen, bei denen die Druckplatten nicht mehr eben sind, sondern auf rotierenden Walzen liegen.

Beim Kupfertiefdruck, einem ähnlichen Verfahren, mit dem auch viele Illustrierte gedruckt werden, sind die Walzen nicht aus Stahl, sondern aus Kupfer. Die Vertiefungen, die später drucken sollen, werden auf elektrochemischem Weg in das Kupfer gebracht. Moderne Tiefdruckmaschinen drucken bis zu drei Millionen Marken pro Stunde.

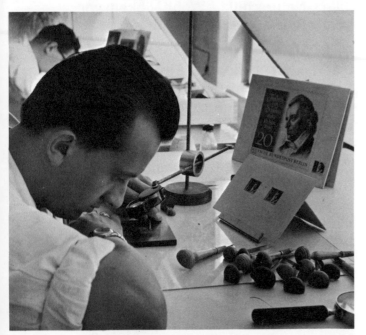

Die Stellen, die später drucken sollen, werden mit einem Stahlstichel in eine Stahlplatte gestochen

Die erste deutsche Marke, der schwarze Einser aus Bayern. Er erschien im Jahr 1849

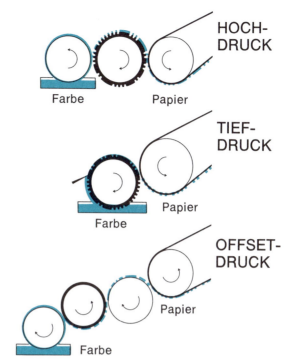

Was ist Hochdruck?

Die erste deutsche Marke, der Schwarze Einser aus Bayern, wurde im Hochdruck hergestellt. Der Hochdruck ist das erste Druckverfahren der Welt überhaupt; es wurde schon vor mehreren Jahrtausenden erfunden. Beim Hochdruck ist es umgekehrt wie beim Tiefdruck: Was auf dem Papier erscheinen soll, wird nicht vertieft, sondern bleibt stehen, der Rest der Plattenfläche wird weggeätzt. Die Farbe wird nicht aufgegossen, sondern von den erhabenen Stellen auf das Papier gedrückt. Nach dem gleichen Prinzip arbeiten auch die Typen der Schreibmaschine und die Gummistempel.

Was ist Offsetdruck?

Viele Briefmarken werden heute im Offset-Druck hergestellt. Das Druckbild wird auf eine Zinkwalze gebracht, von dieser auf eine Gummiwalze übertragen und erst von dieser auf das Papier gedruckt. Offsetdruck ist also im Gegensatz zu Hoch- und Tiefdruck ein indirektes Druckverfahren und zählt technisch zum Flachdruck. Die Stellen, die nicht drucken sollen, werden auf der Zinkwalze mit Wasser angefeuchtet und nehmen die fetthaltigen Farben nicht an.

Diese drei Druckverfahren lassen sich auch vom Laien an ihren Produkten leicht unterscheiden. Beim Hochdruck drücken sich die erhabenen, druckenden Stellen mit ihren Konturen leicht prägend in das Papier ein, die Rückseite zeigt einen leichten Durchdruck. Die Farbe ist in das Papier hineingedrückt. Beim Tiefdruck ist die Farbe plastisch aufgelegt. Beim Flachdruck ist das Bild beiderseits glatt und flach, es wirkt matter und staubig und ist nicht so konturenscharf.

Die Molette preßt die Konturen in die Druckplatte. Prüfer suchen mit der Lupe nach möglichen Fehlern

15

 **GEZÄHNT**  **GESCHNITTEN** 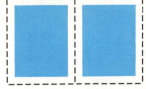 **DURCHSTOCHEN** **DURCHSTOCHEN**

Gezähnt, durchstochen, geschnitten?

Nach dem Druck werden die Bahnen in Bögen geschnitten. In der BRD hat ein Bogen entweder 100 klein- oder 50 großformatige Briefmarken. Anschließend werden die Bögen perforiert, d. h. zwischen den Marken werden Lochreihen eingestanzt. Die Perforation erleichtert das Abtrennen der einzelnen Marken vom Bogen. Als es noch keine Perforationsmaschinen gab (sie wurden 1848 von dem Engländer Henry Archer erfunden), mußten die Marken mit der Schere von dem Bogen abgeschnitten werden. Sammler nennen sie darum, im Gegensatz zu den perforierten, die man „gezähnt" nennt, „geschnitten". Bei älteren Marken gibt es noch eine dritte Trennungsart: die Marken sind „durchstochen", d. h., die Trennlinie zwischen den Marken wurde mit winzigen Schnitten versehen, zwischen denen schmale Papierbrücken stehen blieben.

In allen Ländern gibt es Marken, die sich nur durch ihre Zähnungszahl unterschieden. Die Zähnungszahl sagt, wie viele Löcher auf zwei Zentimeter Rand entfallen. Zähnungsunterschiede bedeuten bei manchen Marken oft auch große Preisunterschiede. 1948 erschien in Westdeutschland ein Satz Wohlfahrtsmarken zugunsten der Berlin-Hilfe. Der Satz besteht aus zwei Werten und kommt in zwei verschiedenen Zähnungen vor. Mit der häufigeren Zähnung kostet der Satz postfrisch neun Mark, mit der selteneren 150 DM.

Warum haben viele Briefmarken Wasserzeichen?

Zum Schutz gegen Fälschungen werden viele Briefmarken auf Wasserzeichenpapier gedruckt. Die Wasserzeichen werden schon in der Papierfabrik in das Papier eingepreßt. Sie werden sichtbar, wenn man das Papier entweder gegen helles Licht hält oder auf einen schwarzen Untergrund legt. Sollte das Wasserzeichen auch dann noch nicht erkennbar sein, legt man die Marke in ein Benzinbad, ebenfalls auf schwarzem Untergrund. Das kann man auch mit postfrischen Marken tun — Benzin greift Gummi auf der Markenrückseite nicht an. Briefmarken, deren Gummierung von Benzin angegriffen wird, sind in den Briefmarkenkatalogen als „benzinempfindlich" vermerkt.

Was haben Briefmarken und Geld gemeinsam?

Die Deutsche Bundespost gibt jährlich Briefmarken für etwa fünf Milliarden Mark aus. Von dem dafür eingenommenen Geld zahlt sie Gehälter, Transport- und andere Kosten der Briefbeförderung. Genau so, wie es verboten ist, Geld nachzumachen, darf auch niemand gültige Briefmarken nachdrucken. Ihre Nachahmung wird mit schweren Strafen bedroht. Die Druckereien, in denen Postwertzeichen und Banknoten gedruckt werden, unterliegen darum besonders scharfen Sicherheitsbestimmungen. Niemand außer den Angestellten darf die Druk-

kereiräume betreten, alle Angestellten werden beim Verlassen der Druckerei durchsucht. Jedes Gramm Papier, das verarbeitet wird, wird genau registriert, die Zahl der Bögen immer wieder gezählt; Papier, das durch technisches oder menschliches Versagen falsch bedruckt, also „Makulatur" geworden ist, muß unter Kontrolle und Aufsicht vernichtet werden.

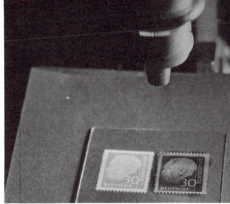

Seit 1960 werden bundesdeutsche Marken mit Leuchtstoffarben gedruckt, um den Einsatz elektronischer Stempel- und Verteilermaschinen zu ermöglichen. Diese Farben leuchten unter ultravioletter Bestrahlung

Eine Briefmarke hat einen doppelten Zweck: Sie ist der Beweis, daß der Absender die Gebühr für den Transport einer Postsache zum Empfänger bezahlt hat; außerdem ist sie eine kleine Visitenkarte ihres Landes. Viele Staaten, vor allem Entwicklungsländer, die noch keine entsprechenden Druckereien haben, lassen ihre Marken in Ländern drucken, die schon große Erfahrungen mit der Herstellung von Briefmarken haben. Die staatlichen Druckereien in Berlin, Wien, Bern und London drucken viele Marken für andere Länder.

| **Wie wird eine Briefmarke entworfen?** |

Die Herstellung einer neuen Marke beginnt in einem graphischen Atelier. Die Post beauftragt einen Künstler, Entwürfe zu einem bestimmten Thema einzureichen. Der Phantasie des Künstlers sind bei dem Entwurf Grenzen gesetzt: Er muß sich streng an das Thema und die vorgeschriebene Inschrift halten, und er muß das kleine Format und die Drucktechnik berücksichtigen. Briefmarken gestalten ist eine Kunst der kleinen Form.
In den meisten Ländern entscheidet die Post allein über Annahme oder Ablehnung eines Entwurfes. In der Bundesrepublik geht man einen anderen Weg.

| **Was macht der Kunstbeirat der Bundespost?** |

Das Bundespostministerium beauftragt sechs, sieben oder noch mehr Künstler, Entwürfe einzureichen. Die Entwürfe werden dem Kunstbeirat vorgelegt, der aus Kunstsachverständigen, Fachleuten des Druckgewerbes, Mitgliedern der Bundespost und des Bundes Deutscher Philatelisten e.V. besteht. In demokratischer Abstimmung wird entschieden, welchen Entwurf man für den besten hält. Dann erst erfährt der Kunstbeirat, von welchem Künstler der ausgesuchte Entwurf stammt. Schließlich muß noch der Bundespostminister zustimmen. Dann wird mit der Herstellung der Marke begonnen.
Zunächst wird das noch unbedruckte Papier gummiert. Es durchläuft ein Walzensystem, dessen unterste Walze langsam in einer Gummilösung rotiert. Die Klebemasse wird über andere Walzen auf die eigentliche Übertragungswalze transportiert, die die Papierrückseite absolut gleichmäßig mit der Gummilösung bedeckt. Dann durchläuft das Papier einen infrarotbeheizten Kanal, in dem die Gummilösung schnell trocknet. Nun beginnt der eigentliche Druck.

Aus elf Vorschlägen von sieben Künstlern wurde für den Satz Jugendmarken 1974 ein Entwurf des Graphikers Peter Lorenz ausgewählt (rechts die 20-Pf-Marke)

So sammelte man früher: Lampenschirm, mit Briefmarken beklebt

Von Sammlungen und Sammlern

Wozu benutzten die ersten Sammler die Briefmarken?

Am 16. Juli 1841, also ein Jahr nach Erscheinen der ersten Briefmarken, stand in der britischen Zeitung „Times" ein Inserat: „Junge Dame sucht Briefmarken, um damit ihr Ankleidezimmer zu tapezieren." Die ersten Briefmarkensammler der Welt hatten noch keine Sammelalben – sie waren, wie man es damals spöttisch nannte, der „Tapetensucht" verfallen: Briefmarken wurden als Tapete an die Wand geklebt, teure Luxuskutschen wurden innen mit Briefmarken ausgeschlagen, es galt als „vornehm", jeden nur freien Platz mit Briefmarken vollzukleistern.

Ein paar Jahre später warb ein Londoner Händler mit folgendem Inserat um Kunden: „Die Wände meines Geschäftes sind mit 80 000 Marken in verschiedenen Mustern beklebt – Englands modernster Wandschmuck." Natürlich gab es damals noch nicht 80 000, sondern vielleicht 200 oder 300 verschiedene Muster, aber die meisten dieser Marken, das kann man mit Sicherheit vermuten, hätten heute Seltenheitswert. Auf dem Salzburger Trödelmarkt wurde im vorigen Jahrhundert ein Lampenschirm feilgeboten, der mit österreichischen Ein-Kreuzer-Marken (Wert heute je 70 Mark), bayrischen Schwarzen Einsern (1500 Mark) und österreichischen Roten Merkuren (heute je 17 500 Mark) dekoriert war. Der Lampenschirm wurde für 2½ Gulden (etwa 6 Mark) verkauft.

Wann erschien das erste Briefmarkenalbum?

Allmählich wurde diesen „Sammlern" bewußt, daß sie mit Kostbarkeiten spielten. Die Markenpreise stiegen, aus der modischen Verrücktheit wurde Leidenschaft. 1850 erschien das erste Sammelalbum, 1861 der erste Briefmarkenkatalog. Und immer häufiger beugten sich ernste Männer nach Feierabend über die kleinen bunten Papierstücke. „Sammler sind glückliche Menschen", sagte schon Goethe. Die Jagd nach der Rarität begann.

Aber – wie sammelte man damals? Was heute von rund 30 Millionen Sammlern in aller Welt sorgsam gehegt und gepflegt wird, wurde damals vom Umschlag gerissen, in Säcke gestopft, wie Schmetterlinge auf Nadeln gespießt oder mit Knochenleim in ein Album geklebt. Unzählige, heute wertvolle Marken wurden so beschädigt oder gar vernichtet. Die Hauptsache war damals, man „hatte" die Marke. Ihre Erhaltung, heute ein wichtiger Gesichtspunkt, spielte keine Rolle. Niemand ahnte damals, welchen Sammelwert Briefmarken eines Tages haben würden. Nur so ist zu erklären, was zum Beispiel im Jahr 1860 in einem kleinen Dorf in Bayern geschah:

Ein Postmeister entdeckte unter alten Papieren einen unversehrten Bogen mit 20 Marken der ersten Sachsen-Marke, dem später berühmten roten Sachsen-Dreier. Wohin damit? Die Marke war seit drei Jahren ungültig, hatte also keine Frankaturgültigkeit mehr. Dem Postmeister fiel ein, daß sein Ofen furchtbar qualmte; das Rohr, so hatte ihm ein Fachmann gesagt, müsse abgedichtet werden. Also nahm der biedere Postmeister den Bogen und klebte ihn um das Ofenrohr – der Ofen qualmte nicht mehr.

Wie kam der Sachsen-Dreier aufs Ofenrohr?

Weil sein Ofenrohr einen Riß hatte, klebte ein Postmeister einen Bogen Sachsen-Dreier darauf

Viele Jahrzehnte später – die Marke war inzwischen eine der größten deutschen Raritäten geworden – wurde die Postmeisterei abgerissen. Der Bogen

So wurde der Sachsen-Dreier aufgeklebt

wurde entdeckt und vorsichtig abgelöst. Er war zwar etwas angerußt und verstaubt, aber sonst unbeschädigt. 1966 brachte eben dieser Bogen auf einer Auktion in Frankfurt am Main den Erlös von 660 000 Mark – das höchste Ergebnis, das je auf einer deutschen Auktion erreicht worden ist.

Warum wurde diese Marke so berühmt? Und so teuer? Die Antwort ist leicht. Zwar wurde der Sachsen-Dreier insgesamt 500 000mal gedruckt. Das war für damalige Verhältnisse nicht einmal wenig. Aber drei Pfennige, der Nominalwert des Sachsen-Dreiers, war im Königreich Sachsen das Porto für Drucksachen, speziell für Zeitungen. Zeitungen wurden schon damals im Streifband verschickt, das heißt, um die Zeitung wurde ein Stück Papier gewickelt, auf dem die Adresse vermerkt wurde. Damit die Zeitung weder aus dem Streifband herausrutschen noch gestohlen werden konnte, wurde die Marke meist so auf das Streifband geklebt, daß sie Zeitung und Streifband verband, also halb auf die Zeitung, halb auf das Streifband. Der Empfänger machte sich fast nie die Mühe, die Marke säuberlich vom Streifband zu lösen. Er riß die Umhüllung einfach von der Zeitung herunter und zerriß dabei fast immer die Marke. So kommt es, daß von dieser Marke nur noch wenige tausend Exemplare erhalten sind.

Die hohen Preise für Spitzenmarken sollten jedoch niemanden abschrecken oder entmutigen, Briefmarken zu sammeln. Zum Sammeln gehört

---

Wieviel Geld braucht man für eine Sammlung?

---

nicht unbedingt viel Geld. Man kann sammeln, was die Post ins Haus bringt, man kann Verwandte und Freunde um Marken bitten, und man kann tauschen, was man doppelt hat. In vielen Familien werden alte Briefe aufbewahrt, auf denen interessante Marken gefunden werden können. In jeder Stadt, oft sogar in kleinen Dörfern, gibt es Briefmarkenvereine, in denen vielleicht ein alter Sammler für einen jungen Kollegen ein offenes Herz hat. Raritäten wird man auf diese Art wohl nicht erhalten. Aber es gibt beachtliche Sammlungen, die fast ohne Geld zusammengetragen wurden. Solche Sammlungen haben sogar auf internationalen Ausstellungen hohe und höchste Preise errungen. Nicht immer wird der Aufwand an Geld prämiiert, sondern die Mühe und Findigkeit, mit der jemand seine Sammlung zusammenbrachte.

Es gibt aber auch Sammler, die sehr viel Geld für Briefmarken ausgegeben haben — ihre Sammlungen sind oft weltberühmt.

Als größter Sammler der Welt, sozusagen als „König

Wer war der „König der Sammler"?

---

der Sammler", gilt bis auf den heutigen Tag Baron Philipp la Renotière de Ferrari, der unermeßlich reiche Sohn eines österreichischen Offiziers und einer italienischen Herzogin. „Monsieur Philippe" war Italiener und lebte in Paris. Die Hälfte seines Lebens verbrachte er auf Reisen rund um den Erdball, um die schönsten und seltensten Marken für seine Sammlung zu kaufen.

Von seiner Sammlerleidenschaft, die oft schon den Anschein von Wahnsinn erweckte, erzählt man sich noch heute die seltsamsten Dinge. Auf der Suche nach immer neuen Marken kam er — hochgeachtet und hochgeehrt — nicht nur in die elegantesten Salons seiner Zeit. Häufig hüllte er sich auch in Lumpen und strich als Bettler verkleidet durch die entlegensten und gefährlichsten Großstadtviertel, wenn er dort eine gesuchte Marke vermutete. Hatte er diese Marke gefunden, zahlte er widerspruchslos jeden Preis, den der Besitzer verlangte.

Seine Sammlung umfaßte schließlich 120 000 verschiedene Marken — alles, was es damals an Marken gab. Ferrari besaß tatsächlich „die ganze Welt komplett" — eine Sammlung, die heute niemand mehr zusammenbringt.

Als der Erste Weltkrieg ausbrach, befand sich Ferrari gerade in Serbien. Er fuhr in die Schweiz. Seine Briefmarkensammlung mußte er in Paris zurücklassen. Ferrari vermachte seine Sammlung testamentarisch dem Reichspostmuseum in Berlin. Die Franzosen erklärten daraufhin die Sammlung für „Feindvermögen" und beschlagnahmten sie. Wenige Tage später starb Ferrari, wie die Ärzte meinten, aus Kummer über diesen Verlust.

Nach dem Krieg wurde Ferraris Testament jedoch anerkannt. Die Sammlung war aufgelöst und auf mehreren Auktionen versteigert worden.

Der gesamte Erlös, etwa acht Millionen Mark, wurde dem Reparationskonto gutgeschrieben. Das bedeutete, Deutschland brauchte acht Millionen Mark weniger Kriegsschulden zu bezahlen.

Als größter Sammler der neueren Zeit gilt der französische Tabak-Industrielle Burrus. Als er vor wenigen Jahren starb, wurde seine Sammlung aufgelöst und versteigert. Der Erlös betrug 40 Millionen Mark.

20

Auf der Jagd nach seltenen Marken durchstreifte Ferrari, oft als Bettler verkleidet, die ganze Welt

Wer besitzt die größte Sammlung der Welt?

Die private Sammlung des britischen Königshauses, heute im Besitz der Königin Elizabeth II., gilt als die größte und kostbarste Sammlung der Welt. Oberkurator Sir John Wilson und acht Angestellte ordnen und bewachen hauptberuflich, was die Windsors in rund 100 Jahren zusammengetragen haben. (Königin Victoria kam erst um 1870 auf die Idee, eine private Markensammlung anzulegen.) Heute umfaßt die Sammlung 400 Alben, 16 000 lose Blätter und über 100 Bögen mit seltenen Marken. Sie stellt einen Wert dar, den niemand auch nur annähernd schätzen kann.

Warum gilt Sammeln als Hobby der Könige?

Sammeln scheint überhaupt ein Hobby der Könige zu sein: Die Sammlung König Faruks von Ägypten wurde nach seiner Flucht aus Kairo 1952 für eine Million Mark versteigert — wie Experten sagen, war das nur ein Bruchteil ihres wahren Wertes. In seiner Eile, das Land zu verlassen, hatte Faruk vergessen, die Sammlung mitzunehmen. Die Ex-Könige von Spanien, Rumänien und Italien, der Zar von Rußland und der heutige König von Thailand — sie alle waren oder sind leidenschaftliche Sammler. Aber auch andere Staatsoberhäupter sind oder waren Briefmarkensammler. Die US-Präsidenten Roosevelt und Kennedy pflegten sich gern mit Lupe und Pinzette von ihren Staatsgeschäften auszuruhen, und selbst Joseph Stalin, einst gefürchteter Diktator der Sowjetunion, soll ein begeisterter Philatelist gewesen sein.

Was ist ein „Philatelist"?

Das Wort „Philatelist" als Bezeichnung für Briefmarkensammler wurde zum erstenmal 1864 erwähnt. In einer Briefmarkenzeitschrift — auch die gab es damals schon — schlug der französische Sammler Hervé vor, dieses Wort für die Sammler von Postwertzeichen zu gebrauchen. Das Wort kommt aus dem Griechischen: Philos heißt Freund und atelos heißt gebührenfrei. Philatelie bedeutet heute ganz allgemein: Briefmarkenkunde.

Wo blieb die Sammlung des Reichspostmuseums?

Die Post untersteht in fast allen Ländern der Regierung, und in fast jedem Land hat die Post eine eigene Markensammlung, oft sogar ein Postmuseum. Bis zum Ende des Zweiten Weltkriegs besaß die Deutsche Reichspost eine der größten Briefmarkensammlungen der Welt. 1940, ein Jahr nach Kriegsbeginn, wurde ein großer Teil der Sammlung, rund 70 000

Neben Briefmarken und anderen postalischen Zubehören waren im Reichspostmuseum auch Modelle alter Postkutschen und Bahnpostwagen ausgestellt. Die Postwagen (untere Reihe) gingen verloren; die Postkutschen sind noch heute im Bundespostmuseum in Frankfurt-Main

Marken, aus dem Reichspostmuseum in Berlin in die Tresorräume der Reichsbank gebracht, damit sie nicht bei Luftangriffen vernichtet wurden. Später wurden sie nach Wien ausgelagert und von dort beim Herannahen der sowjetischen Truppen in ein Bergwerk nach Thüringen gebracht. Dort wurden sie 1945 von amerikanischen Truppen sichergestellt.

Als sie 1949 den deutschen Behörden zurückgegeben werden sollten, fehlten die wertvollsten Stücke der Sammlung. Verschwunden war auch ein kleiner Wandtresor mit kugelsicherem Glasfenster, der früher in die Wand des Reichspostmuseums eingelassen war. Dieser Tresor hatte einige der wertvollsten Marken der Welt enthalten: zwei Mauritius, zwei Britisch-Guayana und vier Hawaii-Postmeistermarken. Vor wenigen Jahren glaubten Sachverständige des Bundespostministeriums, die eine der beiden Mauritius — zwei Pence auf Brief — bei einem Briefmarkenhändler in Frankfurt wiederentdeckt zu haben. Die Bundespost klagte auf Herausgabe, aber sie konnte nichts beweisen. Die Klage wurde abgewiesen, die Mauritius wurde ins Ausland verkauft, und der Händler setzt sich wenig später ebenfalls ins Ausland ab. Die Marke ist und bleibt verschwunden.

Wie erwarb die Post die Mauritius?

Mit dieser Marke hatte die Post schon einmal Pech gehabt. Sie hatte sie um die Jahrhundertwende erworben, im Tausch gegen 100 Sack Kiloware. Das schien den damaligen Postoberen ein gutes Geschäft. Tatsächlich jedoch war es wohl das schlechteste Geschäft, das ein Sammler je gemacht hatte. Kiloware — das sind vor allem Paketkartenabschnitte, die die Post damals mit den Marken von den Paketkarten abtrennte und kiloweise an das Publikum verkaufte. Die 100 Säcke, die ein großer amerikanischer Sammler gegen die Mauritius eingetauscht hatte, enthielten fast ausschließlich Paketkartenabschnitte von Kolonialpost. Ein Paket von den Kolonien in das Mutterland kostete damals 5 Mark Porto, der Inhalt der Säcke bestand also fast restlos aus gebrauchten 5 Mark-Kolonialmarken. Diese Marken kosten heute Stück für Stück rund 500 Mark. Der Wert dieser 100 Säcke dürfte also selbst den Wert einer blauen Mauritius um das Vielfache übersteigen.

Wer wurde wegen einer Briefmarke ermordet?

Eine der tragischsten Geschichten um Sammler und Sammlungen rankt sich um eine blaue Zwei Cent-Hawaii-Marke, heutiger Wert rund 150 000 Mark. Gegen Ende des vorigen Jahrhunderts gehörte sie dem Franzosen Gaston Leroux. Eines Tages wurde dieser Sammler ermordet in seiner Wohnung aufgefunden – die Polizei stand vor einem Rätsel. Denn in seiner Wohnung gab es viele teure Gegenstände, aber nichts schien zu fehlen. Ein Detektiv entdeckte jedoch beim Durchblättern von Lerouxs Sammlung, daß die Hawaii-Marke fehlte. Seine Spürnase führte ihn schließlich zu einem anderen bekannten Sammler, einem reichen Mann namens Hector Giroux. Als Sammler getarnt, machte sich der Detektiv an Giroux heran, erwarb dessen Vertrauen und erreichte schließlich, was er erreichen wollte: Giroux zeigte ihm eines Abends seine Sammlung. Und da war sie, die blaue Hawaii, für die Leroux hatte sterben müssen. Es kam zum Prozeß, Giroux gestand den Mord. Er sagte: „Ohne die Hawaii konnte ich nicht leben."

Welcher Spion benutzte Marken als Geheimcode?

Karl Hans Lody, vor dem Ersten Weltkrieg Marineoffizier und dann Angestellter der Hamburg-Amerika-Linie, ging kurz vor dem Kriegsausbruch 1914 nach England und arbeitete dort für den deutschen Geheimdienst. Dazu hatte er sich als amerikanischer Briefmarkensammler getarnt, der mit der ganzen Welt korrespondierte, um Marken zu erhalten. Es gelang ihm, eine Reihe wichtiger Informationen für den Geheimdienst in Berlin zu beschaffen. Aber wie kamen die Nachrichten aus England heraus?

Lody korrespondierte mit Sammlern in Dänemark, Schweden, Holland und der Schweiz. Er schickte seinen Sammlerfreunden Marken und erhielt im Tausch dafür andere – er tat also scheinbar nichts anderes, als was auch andere Sammler taten.

Lodys Tauschpartner waren Agenten des deutschen Geheimdienstes, und jede Marke, die Lody fortschickte und die er erhielt, stellte eine bestimmte Frage oder eine bestimmte Antwort dar – nach einem Geheim-Code, der vorher in Berlin sorgfältig ausgearbeitet worden war. Daß die britische Flandern-Offensive 1914 zusammenbrach, soll Lodys Briefmarken-Code zu verdanken sein.

Nach einigen Monaten wurde Lody „enttarnt". Er wurde am 6. November 1914 im Tower zu London standrechtlich erschossen.

Der Geheimcode des deutschen Spions Lody bestand darin, daß er bestimmte Marken in bestimmter Anordnung auf Briefumschläge klebte. Lody wurde 1914 in London erschossen

Was man alles sammeln kann

Warum gibt es keine Generalsammler mehr?

Wer eine Briefmarkensammlung anfangen will, muß sich zunächst entscheiden, welches Gebiet er sammeln will. Vor 100 Jahren waren alle Philatelisten „Generalsammler", das heißt, sie sammelten aus allen Ländern der Welt. Das ist heute nicht mehr möglich. Seit Erscheinen der ersten Briefmarke im Jahr 1840 sind fast 200 000 verschiedene Marken erschienen. Alle diese Marken zusammenzutragen, würde heute kaum einem Multimillionär gelingen. Es gibt immer noch viele Leute, die wahllos alle Marken sammeln, an die sie herankommen — eine richtige Sammlung bringt man damit nicht zustande. Man muß sich auf ein begrenztes Gebiet beschränken.

Die meisten Sammler sammeln die Marken ihres eigenen Landes. An diese Marken kommt man leicht und billig heran, man kann Freunde und Verwandte bitten, die Marken von ihrer täglichen Post aufzuheben. Was man nicht für die eigene Sammlung braucht, kann man tauschen.

Der kluge Sammler wird sich noch enger beschränken. Der Deutschland-Sammler wird zum Beispiel nicht mit ganz Deutschland beginnen, sondern zunächst nur die Bundesrepublik sammeln. Wenn er dieses Gebiet einigermaßen komplett hat, geht er auf die Marken der Vorkriegszeit über und dehnt sein Sammelgebiet dann auf deutsche Marken aus noch früherer Zeit, auf die früheren deutschen Kolonien usw. aus. Wenn er nach einigen Sammlerjahren vielleicht 1 000 oder gar 2 000 verschiedene Marken zusammen hat, wird er eine traurige Feststellung machen: Die wenigen Marken, die ihm noch fehlen, kosten vielleicht mehr, als alle seine Marken zusammen. Gerade junge Sammler, die nicht über große Geldmittel verfügen, stoßen hier bald an finanzielle Grenzen. Was nun?

Der junge Sammler wird anfangen, die Marken eines zweiten Landes zu sammeln. Er wird ein Land wählen, zu dem er eine besondere Beziehung hat. Vielleicht war er im Urlaub dort, oder er spricht dessen Sprache, oder er hat dort Freunde und Verwandte, die ihm die Marken dieses Landes schicken können. Sollte er in seinem „zweiten Land" niemanden kennen, kann er über eine Briefmarkenzeitschrift oder einen Briefmarkenverein in jenem Land einen Tauschfreund finden, der Deutschland sammelt. Mit diesem Tauschfreund kann er deutsche gegen die gewünschten ausländischen Marken tauschen.

Was ist ein Motiv-sammler?

Wer sich nicht auf ein Land beschränken möchte, kann „Motiv-Sammler" werden. Beim Motiv-Sammeln wird nicht ein Land oder eine Zeit, sondern ein bestimmtes Motiv gesammelt, also die Darstellung auf der Marke. Man kann Tiere auf Briefmarken sammeln, Sport, Architektur, Autos, berühmte Männer und Frauen, Komponisten, Heilige, Landkarten, historische Ereignisse, Flugzeuge, selbst Briefmarken auf Briefmarken sind ein hübsches, interessantes und weitläufiges Sammelgebiet. Für viele der genannten Motive gibt es Spezialkataloge und Sammelalben mit entsprechenden Vordrucken.

Rechts: Motiv-Sammlung „Weltraumfahrt"

Das beliebteste Motiv ist seit 20 Jahren „Europa". Viele westeuropäische Länder, darunter alle Länder der EWG, bringen seit langem alljährlich eine Sondermarke oder eine Sonderserie heraus, die dem Europa-Gedanken gewidmet ist. Alle Marken zeigen für jeweils ein Jahr das gleiche Symbol, das von einheimischen Künstlern jeweils auf eigene Weise gestaltet wird. Außer diesen Europa-Marken bringen zahlreiche Länder „Mitläufer- oder Sympathie-Ausgaben" heraus. Das sind Sondermarken, die zum Beispiel zu europäischen Kongressen oder anderen europaweiten Anlässen erscheinen.

Was sind Europamarken?

Ein aufregendes Sammelgebiet ist die „Katastrophenpost". Dazu gehören alle Briefe und Postkarten, die aus verunglückten Transportmitteln gerettet wurden, zum Beispiel aus abgestürzten Flugzeugen, untergegangenen Schiffen, zusammengestoßenen oder entgleisten Eisenbahnzügen.
Zu den begehrtesten Stücken dieses Sammelgebietes gehören Briefe und Postkarten des deutschen Zeppelins LZ 129 „Hindenburg". Dieses Luftschiff explodierte am Abend des 6. Mai 1937 bei der Landung in Lakehurst (USA), nachdem es den Atlantik fahrplanmäßig in 48 Stunden überquert hatte. 35 der 100 Passagiere und Besatzungsmitglieder kamen in den Flammen um. Wahrscheinliche Ursache: Eine Gaszelle am Heck war beschädigt, das Trägergas Wasserstoff strömte aus und entzündete sich in der gewittrigen Atmosphäre über dem Flughafen. Einige Briefe aus den Postsäcken des Luftschiffes blieben – allerdings stark angebrannt – erhalten und wurden den Empfängern zugestellt.

Was ist Katastrophenpost?

Am 6. Mai 1937 explodierte das deutsche Luftschiff LZ 129 „Hindenburg" nach erfolgreicher Atlantik-Überquerung bei der Landung in Lakehurst (USA). 35 Menschen fanden den Tod. Der

Wer nicht Briefe, sondern lose Postwertzeichen sammeln will, muß sich entscheiden, ob er „postfrisch", „ungebraucht" oder „gebraucht" sammeln will. Postfrisch sind die Marken, die am Schalter verkauft werden, also mit unbeschädigter Vor- und Rückseite. Die gleichen Marken mit Falz oder kleineren Gummischäden sind „unge-

Was soll man sammeln: postfrisch oder gestempelt?

Die ersten Europa-Marken der Bundesrepublik wurden 1956 herausgegeben. Ähnliche Marken erschienen damals in Frankreich, Italien, Belgien, Luxemburg und den Niederlanden. Heute kommen in allen westeuropäischen und sogar in einigen Ländern des Ostblockes Europa-Marken heraus

Brief rechts, mit den Sondermarken der Olympischen Spiele 1936 in Berlin frankiert, ist ein Dokument dieser Katastrophe. Solche Briefe sind bei Katastrophen-Sammlern sehr begehrt

braucht". „Gebraucht" sind gestempelte Marken.
Die Frage, ob postfrische Marken teurer als gebrauchte Marken sind, läßt sich nicht einheitlich beantworten. Manche Marken sind postfrisch, andere gebraucht teurer. Das hängt davon ab, wie viele Marken jeweils gedruckt und wie viele davon verbraucht, also gestempelt wurden. Je mehr Marken zur Frankatur benutzt, also gestempelt wurden, desto teurer sind die ungebrauchten. Zwei Beispiele: Die mit der neuen Wertangabe „800 000" überdruckte grüne 500-Mark-Marke aus der deutschen Inflation 1923 kostet postfrisch 15 Pfennige, gebraucht 1000 Mark. Diese Marke war zwar in hoher Auflage gedruckt worden, blieb aber nur wenige Tage gültig. Bei der 50-Pfennig-Marke dunkelolivgrün aus dem Jahre 1877 war es genau umgekehrt. Die Marke wurde in recht geringer Auflage gedruckt, war aber lange gültig. So kostet die gebrauchte Marke zwar auch 20 Mark, ungebraucht aber fast das Hundertfache — 1750 Mark.

Der junge Sammler, der mit den Marken der Bundesrepublik beginnt, sollte zunächst gebrauchte Marken sammeln. Die Marken aus der Korrespondenz der Eltern kosten ihn nichts, postfrische Marken kosten mindestens den aufgedruckten Wert, den sogenannten Nominalwert.
Man kann eine Sammlung gemischt aufbauen, also teils postfrisch, teils gebraucht. Bedingung ist aber, daß die einzelnen Sätze in sich „rein" sind, also entweder postfrisch oder gebraucht. (Einen Satz nennt man alle Werte einer Briefmarkenausgabe.) Schöner ist es allerdings, eine Sammlung durchweg postfrisch oder gebraucht anzulegen.
Wer moderne Marken postfrisch sammeln will, kann sie ohne Mehrkosten bei der Post des jeweiligen Landes abonnieren. Die Adressen der gewünschten Abonnementsstellen erfährt man bei jedem Postamt.

Manche Philatelisten sammeln nicht Briefmarken, sondern Stempel, vor allem Sonderstempel. Für sie geben einige Orte wie z. B. Himmelpforten bei Stade oder Himmelsthür bei Hildesheim alljährlich „Weihnachtsstempel" heraus

Was ist ein Spezialsammler?

Der junge Philatelist kann aber auch unter die „Spezialsammler" gehen. Ein Spezialsammler sucht sich von einem Land ein engbegrenztes Sammelgebiet heraus. Gerade für den Deutschlandsammler gibt es hier zahlreiche Möglichkeiten. Er kann zum Beispiel „Bauten spezial" sammeln. Im Jahr 1948 erschien in der früheren amerikanischen und britischen Zone die Bauten-Serie. Im Michel-Katalog, dem Standard-Katalog aller Deutschland-Sammler, findet man diese Marken unter den Nummern 73 bis 100. Die Serie umfaßt also 28 Werte von zwei Pfennig bis zu fünf Mark.

Diese Serie wurde in drei Druckereien gedruckt; jede Druckerei verwendete andere Zähnungen und anderes Wasserzeichenpapier. So kommt es, daß es bei der Bauten-Serie statt 28 weit über 200 verschiedene Marken gibt, die sich durch Wasserzeichen und Zähnung unterscheiden. Allein von dem 60-Pfennig-Wert gibt es 20 verschiedene Ausführungen. Die Preisunterschiede sind oft groß. Die schwarzblaue Acht-Pfennig-Marke gebraucht kostet 10 Pfennig, die gleiche Marke, nur mit anderem Wasserzeichen, kostet 2 500 Mark.

Wenn man die Marken der Bauten-Serie nicht nur mit Zähnungsschlüssel und Wasserzeichensucher, sondern auch mit der Lupe untersucht, wird es noch aufregender. Selbst bei Marken aus der gleichen Druckerei, mit gleicher Zähnung und mit gleichem Wasserzeichen, sieht bei genauem Hinsehen doch fast keine Marke wie die andere aus: Man entdeckt viele kleine Unterschiede. Als diese Marken gedruckt wurden, war der Krieg erst drei Jahre vorbei. Die deutschen Druckereien hatten mit vielen technischen Schwierigkeiten zu kämpfen. Der Druck war schlecht. Hier fehlt in der Inschrift ein Buchstabe, dort im Bild selbst der Dachziegel eines Hauses; einmal ist eine Wertzahl verwischt, ein andermal wurde die ganze Marke deutlich sichtbar doppelt gedruckt. Manche Marken sind geschnitten statt gezähnt – die Perforiermaschine hatte ausgesetzt.

Aus den 28 Marken der Bauten-Serie kann ein Spezialsammler eine Sammlung von über 1 000 verschiedenen Marken aufbauen – vorausgesetzt, er hat genug Zeit und Geduld, alle Marken dieser Serie auf ihre Verschiedenheiten hin zu untersuchen. Spezialkataloge, in denen diese Verschiedenheiten abgebildet und bewertet sind, gibt es in jedem Briefmarkengeschäft.

Zwei 60-Pfennig-Marken der Bautenserie 1948 Bundesrepublik. Sie sind nur scheinbar gleich: Die Zähnung ist links weit, rechts eng; das Seitenportal links hat eine Schwelle; die Dachreiter am Mittelschiff sind auf beiden Marken verschieden stark ausgeprägt; die linke 6 ist offen. Bei genauem Hinsehen lassen sich weitere Unterschiede feststellen

Ersttagsbrief aus Süd-Vietnam. Ersttagsbriefe, auch FDC (First Day Cover) genannt, brauchen keine Adresse zu haben

Dieses Sammelgebiet empfiehlt sich besonders für Sammler, die wenig Geld haben. Briefmarkenhändler verkaufen die Marken der Bauten-Serie gewöhnlich zum billigsten Preis, sie haben nicht genügend Zeit, die Marken selber zu untersuchen. Wer Glück hat, kann also die 2 500-Mark-Marke für zehn Pfennig erstehen. Mit wenig Geld kann man sich so eine interessante und vielleicht sogar kostbare Sammlung aufbauen.

Ein ebenso weites und dankbares Feld für Spezialisten sind auch die Marken der deutschen Inflation. Auch damals hatte die Druckereitechnik infolge des ersten Weltkrieges große Schwierigkeiten. Bei den Inflationsmarken bieten vor allem mannigfaltige Aufdruckfehler Gelegenheit zu einer umfassenden Spezialsammlung.

Gebiete, die sich für ähnliche Spezialsammlungen eignen, gibt es fast in jedem Land und aus jeder Zeit.

Auch Luft- und Zeppelinpost sind bei Sammlern beliebte, allerdings meist recht teure Sammelgebiete.

Viele sammeln nicht lose Briefmarken, sondern „Ganzstücke". Das sind Briefumschläge mit aufgeklebten Marken. Im Gegensatz dazu heißen Briefumschläge mit eingedruckten Briefmarken „Ganzsachen".

Was sind Ersttagsbriefe?

Besonders reizvoll sind „Ersttagsbriefe", auch FDC (First Day Cover) genannt. Ersttagsbriefe sind Ganzstücke, die am Erscheinungstag der Marke abgestempelt wurden. Viele Postverwaltungen geben zu diesen Anlässen besondere Umschläge heraus und verwenden Sonderstempel. Ersttagsbriefe werden höher gewertet als gebrauchte, lose Marken; die Preise sind in vielen Katalogen vermerkt.

Von Fehldrucken und anderen Raritäten

Im Jahr 1847 beschloß der Gouverneur von Mauritius, einer Insel im Stillen Ozean, als erste Kolonie Großbritanniens eigene Briefmarken herauszugeben. J. Barnard, Uhrmacher in der Hauptstadt Port Louis, erhielt den Auftrag, die Druckplatten für zwei Marken zu einem Penny und zwei Pence herzustellen. Als er beim Stechen der Urplatten war, konnte Barnard sich plötzlich nicht mehr an die gewünschte Inschrift der Marken erinnern. Er ging zum Postamt, um dort den genauen Text zu erfahren. Schon von weitem sah er das Schild „Post office" (Postamt). „Das waren die Worte", glaubte sich Barnard zu erinnern. Ohne noch einmal nachzufragen, ging er in seine Werkstatt zurück und gravierte „Post office" auf die Schriftbänder beider Marken.

Als man den Irrtum bemerkte — die richtige Inschrift lautete „Post paid" (Gebühr bezahlt) — war es zu spät. Je 240 gelbe Ein-Penny- und blaue Zwei-Pence-Marken waren schon gedruckt und verkauft. Von diesen Marken sind nur 26 Stück erhalten, 12 gebrauchte und 2 ungebrauchte Ein Penny und je 6 gebrauchte und ungebrauchte Zwei Pence. Diese Marken gelten heute als die berühmtesten der Welt.

> **Welches sind die berühmtesten Marken der Welt?**

Über 1,5 Millionen DM zahlte 1968 der US-Millionär Raymond H. Weill für diesen Brief mit zwei orangen Ein Penny Mauritius-Marken — es ist der teuerste Brief der Welt. Als er 1897 in einem Bazar in Bombay entdeckt und für 500 Mark verkauft wurde, war er noch ungeöffnet. Und das wird er auch bleiben. Das Papier ist so brüchig, daß die Marken beim Öffnen Schaden nehmen könnten

Statt wie bestellt „Post paid", gravierte der Uhrmacher J. Barnard in die ersten Mauritius-Marken ein, was er über dem Postamt gelesen hatte: „Post office" (links)

Um diese Marke der Dominikanischen Republik aus dem Jahr 1900 hätte es fast einen Krieg gegeben. Der Stecher hatte die Grenze zum Nachbarstaat Haiti zu dessen Ungunsten verschoben

Als „Druckfehler" bezeichnen Sammler solche Marken, die schon auf der Urplatte von dem gewünschten Markenbild abweichen, weil sich Markenentwerfer oder Graveur geirrt haben. Der Fehler findet sich also auf allen Marken der gesamten Auflage. Trotz zahlreicher Kontrollen, die jede Marke bei ihrer Herstellung von der ersten Skizze bis zum fertigen Druck durchläuft, gibt es viele solcher Druckfehler. Einer der bekanntesten befindet sich auf einer Marke der Dominikanischen Republik aus dem Jahr 1900. Der Graveur hatte die Grenzen zum Nachbarstaat Haiti versehentlich etwas zu dessen Ungunsten verschoben. Haiti beantwortete diese Grenzkorrektur mit heftigen diplomatischen Protesten, fast wäre es um diese Marke zu einem Krieg zwischen den beiden Staaten gekommen. Auch eine irische Marke, auf der die ganze Insel Irland zu dem Freistaat zu gehören scheint (während der Nordteil der Insel tatsächlich zu Großbritannien gehört), führte zu diplomatischen Verwicklungen. Auch hier sah der Nachbar den Irrtum als absichtliche „Grenzverlegung" an.

Was nennt man bei Briefmarken Druckfehler?

Ein lustiger Irrtum passierte dem Postministerium der USA im Jahre 1892. In einer Briefmarkenserie wird auf zwölf Marken die Entdeckung Amerikas durch Kolumbus geschildert. Auf der vierten Marke sieht man Kolumbus an Bord der „Santa Maria", wie er die ersehnte Küste erblickt; Kolumbus' Gesicht ist glatt rasiert. Die folgende Marke zeigt, wie Kolumbus – wenige Stunden später – das Land betritt: Nun trägt er einen ansehnlichen Vollbart! Darüber gab es viel Gelächter, und man fragte scherzhaft, ob Kolumbus nicht nur Amerika, sondern auch ein hochwirksames Haarwuchsmittel entdeckt habe. Eine westindische Marke zeigt Kolumbus mit einem Fernrohr – das Fernrohr wurde jedoch erst ein Jahrhundert später erfunden.

Wie schnell wuchs der Bart des Kolumbus?

Als der Mann im Ausguck der „Santa Maria" „Land in Sicht" rief, war das Kinn des Christoph Kolumbus noch glatt. Eine Stunde später jedoch, an Land, trägt er bereits einen Vollbart. So zeigen es die Marken einer US-Serie aus dem Jahr 1892. Und eine westindische Marke zeigt Kolumbus sogar mit einem Fernrohr, obwohl dieses erst 100 Jahre später erfunden wurde

Der Schmied und der Bergmann sind Linkshänder. Diese Fehler wurden auf späteren Marken verbessert

Die Sonne hinter dem Prager Hradschin geht im Westen auf; der Löwe hat zwei Schwänze

Thomas Mann trägt den Scheitel in der BRD links und in der DDR rechts

Robert Schumann vor einer handschriftlichen Partitur von Franz Schubert, rechts die verbesserte Marke

Skiläufer mit Skistock zwischen den Beinen; das Telefon hat keinen Draht

Italiens Simplon-Marke: Auf diesem Bild ist fast alles falsch

IRRTÜMER AUF BRIEFMARKEN

Auf einer französischen Marke wirft eine bäuerliche „Marianne" (Frankreichs Gegenstück zur deutschen „Germania") ihre Saat gegen den Wind aus. Auf einer deutschen Marke aus dem Jahre 1934 benutzt ein Kaufmann einen Telefonhörer ohne Anschlußdraht, und auf zwei Marken der Tschechoslowakei gibt es Löwen mit zwei Schwänzen und eine Sonne, die im Westen aufgeht. Auf einer DDR-Marke zum 100. Geburtstag Robert Schumanns sieht man den Kopf des Komponisten vor einem Notenblatt seines Kollegen Schubert. Am ersten Todestag von Thomas Mann gaben die Bundesrepublik und auch die DDR je eine Sondermarke heraus: Auf der Bonner Gedenkmarke trägt er den Scheitel links, auf der DDR-Marke rechts. (Bonn hatte recht.) Auf einer philippinischen Marke springt ein Walfisch drei Meter hoch aus dem Wasser — ein nie gesehenes Naturwunder.

Auf welcher Marke ist fast alles falsch?

Eine Marke, auf der fast alles falsch ist, kommt aus Italien. Auf einer Gedenkmarke „50 Jahre Simplon-Tunnel" ist die Bahnstrecke zweigleisig gezeichnet; bei Eröffnung des Tunnels war sie eingleisig. Der Zug auf der Marke fährt rechts; Italiens Eisenbahnen haben aber durchweg Linksverkehr. Und schließlich stößt die Lokomotive dicke Rauchwolken aus. Auch das ist falsch: Die Simplonbahn war vom ersten Tag an elektrisch.

Was ist ein Fehldruck?

Seltener und daher auch teurer als Druckfehler sind die sogenannten „Fehldrucke". Sie entstehen, wenn nicht der Graveur, sondern der Drucker irgend etwas falsch macht. 1885 kramte ein schwedischer Junge in den

Briefen seines Großvaters. Dabei fand er eine Marke, die er nicht kannte, eine Tre Skilling (Drei Schilling) aus dem Jahre 1855. Diese Marke, das wußte der Zwölfjährige, müßte eigentlich grün sein – diese aber war gelb. Der Junge verkaufte die Marke für etwa 10 Mark an einen Sammler; der verkaufte sie weiter. Lange war sie das kostbarste Stück des Schwedischen Postmuseums. Im Oktober 1978 wurde sie für 1 Million Mark verkauft. Sie ist nur in diesem einen Exemplar bekannt. Neben der Britisch Guayana rot gilt sie als seltenste und teuerste Marke der Welt.

Die Echtheit der Britisch-Guayana rot wird von manchen Experten angezweifelt. Dennoch kostet sie etwa 1,7 Millionen Mark

Das ist Deutschlands seltenste und teuerste Marke, der Farbfehldruck Neun Kreuzer Baden grün statt rosa

Diese Tre Skilling ist ein Farbfehldruck.

Wie entsteht ein Farbfehldruck?

Das heißt: Der Drucker hat sie irrtümlich mit gelber statt mit grüner Farbe gedruckt. Auch Deutschlands seltenste und teuerste Marke ist solch ein Farbfehldruck. Die Neun Kreuzer Baden aus dem Jahr 1851 ist normalerweise schwarz auf rosa Papier. Einmal jedoch muß sich der Drucker versehen haben: Einen Bogen druckte er nicht auf rosa, sondern auf dem blaugrünen Papier der Sechs Kreuzer. Von der Neun Kreuzer schwarz auf grün sind nur drei Marken erhalten geblieben. Jede kostet heute etwa 300 000 Mark. Es gibt auch eine Marke der Bundesrepublik mit Farbfehldruck. Zum einjährigen Todestag Konrad Adenauers gab die Post 1968 eine Gedenkmarke heraus; sie zeigt den Kopf des Kanzlers in Schwarz vor rotem Hintergrund. Kurz nach Druckbeginn – ein paar hundert Marken waren schon gedruckt – zog der Postminister die Marke zurück. Ihm schien der Hintergrund zu rot. Eiligst wurde eine neue Adenauer-Marke gedruckt, jetzt war der Hintergrund lachsfarben. Diese Marke kostet heute 1,50 Mark. Die zuerst gedruckte Marke, bekannt als „roter Adenauer", kostet 2 500 Mark.

1919 kaufte ein Mann an einem US-

In der Rumpelkammer fand ein schwedischer Junge auf Briefen seines Großvaters eine Marke, die er nicht kannte: eine Tre Skilling Banco, die aber nicht grün, sondern gelb war. Er verkaufte sie für zehn Mark

Die gelbe Tre Skilling ist ein „Unikum", das heißt, es gibt nur ein einziges Exemplar. Sie kostet heute etwa 1 Million Mark.

33

Rückenflug — Amerikas teuerster Fehldruck

Postschalter einen Bogen mit 100 24-Cent-Flugpostmarken. Er bezahlte 24 Dollar, das sind etwa 76 Mark. Heute kostet jede dieser 100 Marken etwa 40 000 Mark. Warum?

Der Bogen mußte beim Druck zweimal durch die Maschine laufen. Im ersten Durchlauf wurde der Rahmen des Markenbildes, im zweiten das Markenbild selbst, ein Postflugzeug in der Luft, gedruckt. Beim zweiten Durchgang hatte sich der Drucker versehen: Er legte den Bogen verkehrt herum in die Maschine, das Flugzeug machte auf der Marke einen Rückenflug.

Wie machte die Post teure Marken billig?

Neben falscher Farbe und falschem Druck kann auch falsches Papier zu einem Fehldruck führen. 1957 erschien in der Bundesrepublik ein Satz Europa-Marken, gedruckt auf Papier ohne Wasserzeichen. Erst ein Jahr später stellte man fest, daß einige Bögen versehentlich auf Papier mit Wasserzeichen gedruckt worden waren. Diese Abart wurde mit ein paar hundert Mark pro Marke gehandelt.

Um diese Spekulation zu beenden, druckte die Bundespost kurzerhand eine große Anzahl Europa-Marken auf Wasserzeichenpapier hinterher. Sofort sank der Preis wieder. Heute kostet die Marke 1,30 Mark.

Wie entsteht ein Plattenfehler?

Häufiger und billiger als Marken mit Druckfehlern und Fehldrucken sind Plattenfehler. Sie entstehen durch Abnutzung oder Nachbesserung einzelner Marken auf der Druckplatte, durch winzige Unterschiede der einzelnen Platten, Farben oder Schrifttypen. Die bekanntesten deutschen Plattenfehler sind die Zwei-Pfennig-Marke aus dem Jahr 1900 („Reighspost" statt „Reichspost") und die Drei-Pfennig-Germania 1902 („DFUTSCHES REICH" statt „DEUTSCHES REICH"). In beiden Fällen war während des Druckvorganges je ein Buchstabe beschädigt, auf jedem Bogen zu 100 Marken kommt der Fehler also nur einmal vor.

Weitere Abarten entstehen durch falsche oder völlig fehlende Zähnung und durch Doppeldruck. Beim Doppeldruck ist der Markenbogen versehentlich zweimal durch die Druckmaschine gelaufen, das Markenbild ist, nicht ganz deckend, zweimal sichtbar.

Ein irrtümliches Häkchen macht aus dem „C" in REICHSPOST ein „G". Dieser Plattenfehler kostet 100 Mark

Weil der dritte Balken des „E" wegbrach, liest man nun „DFUTSCHES REICH". Preis 25 Mark

Als „König von Sedang" bestellte und verkaufte der französische Seemann L. David einem Pariser Briefmarkenhändler die Marken eines Staates, den es gar nicht gab. Er kassierte viele Millionen Francs

Von Fälschungen und Fälschern

Um die Jahrhundertwende schlossen in einem eleganten Pariser Hotel zwei Männer einen Vertrag: Der eine, ein bekannter Briefmarkenhändler, erhielt die Erlaubnis, alle Marken des Königreiches Sedang (Sedang ist eine Insel von der chinesischen Küste) zu drucken und den größten Teil an Sammler zu vertreiben; der andere, König von Sedang, erhielt für diese Zusage, für die sich der Briefmarkenhändler einen guten Verdienst erhoffte, einen Barscheck über mehrere Millionen Francs.
Als die Marken bereits gedruckt waren, kam der Schwindel heraus: Es gab kein Königreich Sedang, es gab keinen König von Sedang — es gab also auch niemanden, der für die Marken von Sedang Interesse hatte. Aber der Scheck war eingelöst, und seine Majestät waren verschwunden.

Auch eine Republik Maluku Selatan hat es nie gegeben. Diese Schwindelmarke wurde im Auftrag eines großen US-Briefmarkenhändlers hergestellt und verkauft

35

Seit wann werden Marken gefälscht?

Die Marken dieses erfundenen Königreiches sind im eigentlichen Sinn keine Fälschungen. Denn es gibt keine Originale, denen sie nachgemacht wurden. Dennoch: Bei kaum einem Sammler, der das Spezialgebiet „Fälschungen" sammelt, fehlen die Marken von Sedang.

Gefälschte Briefmarken folgten den ersten echten Briefmarken fast auf dem Fuß. Schon 1845 tauchten die ersten Fälschungen auf. Sie waren jedoch so plump gemacht, daß sie sehr schnell entdeckt wurden.

Diese ersten Fälschungen waren „Fälschungen zum Schaden der Post". Das heißt, gültige Marken wurden nachgeahmt und als echte Freimarken verkauft. Die bekanntesten deutschen Fälschungen zum Schaden der Post tauchten 1902 in Chemnitz (10 Pfennig Germania) und 1916 in Köln (fünf Pfennig Germania) auf. Beide waren schlecht gemacht, die Fälscher wurden bald entdeckt und gingen ins Gefängnis. Spezialsammler zahlen heute für jedes Exemplar etwa 200 Mark.

Stempelfälschungen mit Kartoffeln sind leicht zu erkennen. Sie sind blasser als die Originalstempel

Darf man alte Briefmarken nachmachen?

Gewinnbringender und darum häufiger sind „Fälschungen zum Schaden der Sammler". Dies sind oft verblüffend gute Imitationen von Marken, die nicht mehr gültig sind, aber bei Sammlern hohe Preise erzielen.

Die Herstellung dieser Marken ist zunächst ohne Risiko. Das Gesetz verbietet zwar die Nachahmung gültiger Briefmarken, nicht aber das Kopieren alter Marken. Der Fälscher macht sich erst strafbar, wenn er diese Imitationen als „echte" Marken, also in betrügerischer Absicht verkauft oder verkaufen läßt. Auch die ersten Fälschungen zum Schaden der Sammler sind weit über 100 Jahre alt. Schon 1862 gab Jean Baptiste Moens, ein bedeutender Sammler in Brüssel, ein Buch über Briefmarkenfälschungen heraus. Darin heißt es zum Beispiel über den berühmten Fehldruck 9 Kreuzer Baden blaugrün: „Um diese Marke zu erhalten, genügt es, eine 9 Kreuzer rosa in etwas Säure zu tauchen." Als dieses Buch erschien, gab es etwa 3 000 verschiedene Marken; von 2 000 gab es bereits Fälschungen. Heutige Fälscher haben es schwerer. Moderne Untersuchungsmethoden und bessere Fachkenntnisse machen Fälschungen leichter erkennbar. Primitive Fälscher, die zum Beispiel einer gezähnten Marke die Zähne abschneiden, um eine geschnittene Abart vorzutäuschen, haben wenig Glück. Solche Fälschungen lassen sich schon mit dem Zentimetermaß entlarven.

Warum werden Stempel gefälscht?

Schwieriger sind Stempelfälschungen zu erkennen. Deutsche Marken aus der Inflation 1922/23 kosten ungebraucht meist nur ein paar Pfennige, gestempelt kosten einige von ihnen 1 000 Mark und mehr. Mit Kartoffelscheiben, die die Stempelfarbe aufsaugen, und mit vielen anderen raffinierten Tricks versuchen die Fälscher, aus ungebrauchten gebrauchte Marken zu machen. Selbst der Fachmann kann solche Fälschungen schwer erkennen.

Die Fahrt mit der Postkutsche über hohe, im Winter verschneite Alpenpässe war oft ein Abenteuer auf Leben und Tod. In den Postsäcken befanden sich schon damals Briefe mit gefälschten Marken. Die Behauptung: „Diese Marke hatte schon mein Urgroßvater", ist also kein Beweis für die Echtheit einer Marke

Flutkatastrophe Februar 1962 in Hamburg: Dabei gerieten auch manche Briefmarkensammlungen ins Wasser. Fälscher kauften durch das Wasser entgummierte Marken auf und gummierten sie

Raffiniert ging ein Fälscher vor, dem irgendwann eine Stempelmaschine der dreißiger Jahre in die Hände gefallen war. Für einen Spottpreis kaufte er eine ehemals wertvolle Sammlung „Drittes Reich postfrisch", die bei der Flutkatastrophe 1962 im Wasser gelegen hatte und nun ohne Gummi war. Damit war sie beinahe wertlos. Mit seinem Stempel „Hamburg-Fuhlsbüttel" stempelte der Fälscher alle Marken; dabei vergaß er nicht, auf dem veränderlichen Stempel jeweils das entsprechende Datum (also die Zeit der Postgültigkeit der jeweiligen Marke) einzustellen. Nun hatte die Sammlung als „Drittes Reich gestempelt" wieder einen beachtlichen Wert. Zweimal irrte sich der Fälscher jedoch: Zwei Marken, und zwar ausgerechnet zwei sehr teure, stempelte er mit einem falschen Datum. Die Stempel geben eine Zeit an, zu der diese beiden Marken noch gar nicht gedruckt waren.

Was verriet den Hamburger Stempelfälscher?

Pech hatte auch ein anderer Fälscher. Er lieh sich von einem Freund eine „Doppelgenf", eine der seltensten und teuersten Marken der Schweiz. Viele Nächte arbeitete er, dann war es geschafft. Seine Fälschung war von dem Original nicht zu unterscheiden. Dennoch wurde auch er als Fälscher entlarvt und verurteilt: Schon das Original war eine Fälschung gewesen, und er hatte die Abweichungen dieser Marke von der echten Doppelgenf getreulich mitkopiert.

Je teurer eine Marke, desto öfter wird sie gefälscht. Dieser Fälscher — er versuchte eine „Doppel-Genf" zu fälschen, Wert 32 000 Mark — wurde geschnappt: Seine Vorlage war bereits eine Fälschung, und er hatte die Abweichung von der echten Marke mitkopiert

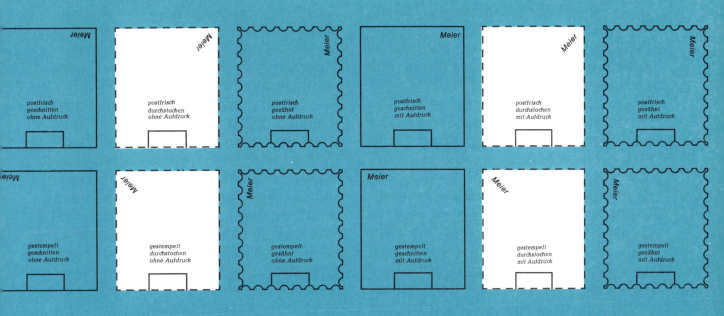

Dieses Schema zeigt, wo und in welcher Stellung das Prüfzeichen (hier der Name „Meier") bei welcher Marke stehen muß. Die Marken sind so gezeichnet, als seien sie mit Falz eingeklebt und umgeklappt

Wer eine teure Marke kaufen will, sollte sie vorher prüfen lassen. Prüfer sind anerkannte Fachleute, die wertvolle Marken gegen eine geringe Gebühr auf ihre Echtheit prüfen und — wenn die Marke echt ist — sie mit ihrem Prüferzeichen versehen. Das Prüferzeichen, meist der Name oder die Unterschrift des Prüfers, wird mit einem winzigen Metallstempel auf die Rückseite der Marke gestempelt.

Würden die Prüfer ihre Zeichen in jedem Fall auf gleiche Art anbringen, wäre damit noch nichts geholfen. Ein Beispiel: Ein Prüfer befindet die Marke 3 Pfennig graubraun Zifferzeichnung Deutsches Reich 1889 ungebraucht für echt und gibt ihr sein Prüfzeichen. Die Marke ist 1,50 Mark wert. Ein Fälscher versieht die Marke nun mit dem diagonalen Aufdruck „China" — wäre sie echt, wäre sie nun 1 000 Mark wert. Ein Zweifel kommt nicht auf: Die Marke ist ja geprüft.

Wie schützt man sich vor Fälschungen?

Um solchen Mißbrauch auszuschließen, setzt der Prüfer sein Zeichen in einer bestimmten Position auf die Markenrückseite, je nachdem, ob die Marke ungebraucht oder gebraucht, mit oder ohne Aufdruck, geschnitten, durchstochen oder gezähnt ist. 12 verschiedene Möglichkeiten, das Prüfzeichen anzubringen, gewähren scheinbar genügend Sicherheit.

Aber nur scheinbar: Fälscher haben nun begonnen, nicht nur die Rarität, sondern auch gleich das Prüfzeichen mitzufälschen. Da hilft nur noch eines: vorhandenen Prüfzeichen zu mißtrauen und jede teure Marke, die man kaufen will, noch einmal prüfen zu lassen.

Kann man jedem Prüfzeichen trauen?

Nicht alle Fälscher sind Kriminelle. Auch Regierungen haben Marken fälschen lassen. So entstanden zum Beispiel die sogenannten „Spionagemarken" und die „Propagandamarken".

39

Warum fälschte England deutsche Marken?

Spionagemarken sind zum Beispiel die nachgemachten zehn und fünfzehn Pfennig Germania, die während des Ersten Weltkrieges in London hergestellt wurden. Auftraggeber war der berühmte britische Secret Service, der Geheimdienst. Britische Geheimagenten verschickten damals in Deutschland mit der Post Tausende von antideutschen Propagandabroschüren und Zetteln. Dazu brauchten die Agenten deutsche Marken. Das ging ein paar Wochen gut — dann wurde ein Agent verhaftet. Einem Postbeamten war der ungewöhnlich hohe Verbrauch dieses Mannes an Briefmarken aufgefallen. Dr. Terwange, Leiter dieses Unternehmens, ließ daraufhin in London die entsprechenden Briefmarken in einer offiziellen Druckerei herstellen, sogar das Wasserzeichen wurde hervorragend imitiert. Diese Marken waren so gut gemacht, daß niemand etwas merkte — erst 1937 lüftete Dr. Terwange sein Geheimnis. Heute kostet jede dieser Germania-Marken — made in Great Britain — etwa 75 Mark.

Was sind Propaganda-Marken?

Die Propaganda-Marke, eine andere Spielart der politischen Fälschungen, soll nicht geheim bleiben. Sie weicht absichtlich von dem Original ab. Eine der bekanntesten Propaganda-Fälschungen entstand im Zweiten Weltkrieg in Deutschland. Als Vorbild diente die britische Krönungsmarke aus dem Jahr 1937; sie zeigt König Georg VI. und Königin Elizabeth. Die Fälschung entstand 1943. Das Bild der Königin wurde gegen eine Abbildung des russischen Diktators Stalin ausgetauscht. Damit wollte die Hitler-Regierung den Engländern zeigen, daß nach ihrer Auffassung England für die Sache der Sowjetrussen kämpfte.

Diese Marken wurden nach England geschickt und dort von deutschen Agenten zum Frankieren von Propagandabriefen benutzt.

Die Briten antworteten mit einer Nachahmung der damals gültigen Hitler-Marken. Hitlers Kopf, immer noch deutlich erkennbar, glich auf diesen Marken einem Totenschädel; statt „Deutsches Reich" stand auf dem Markenrand „Futsches Reich". Die Anzahl dieser Propaganda-Fälschungen ist groß — wie groß, läßt sich heute nicht mehr ermitteln. Denn kaum war der Krieg vorbei, begannen phantasievolle Fälscher, Propaganda-Marken zu erfinden, die keiner der kriegführenden Staaten jemals hatte herstellen lassen.

Den Hitler-Totenkopf (oben) mit der Inschrift „FUTSCHES REICH" druckten die Amerikaner 1944 zu Propagandazwecken. Unten die echte britische Krönungsmarke aus dem Jahr 1937, darunter eine deutsche Propagandamarke aus dem Jahr 1943

Briefmarkensammeln ist heute, auch bei Jugendlichen, das verbreitetste Hobby der Welt.

Vom Umgang mit Briefmarken

Hobbys kosten Geld. Foto-Amateure brauchen eine teure Foto-Ausrüstung, Skiläufer müssen Skistiefel und Skier kaufen, Klavierspieler müssen mindestens 1 000 Mark ausgeben, um ein Klavier zu kaufen. Briefmarkensammler haben es besser. Schon mit ein paar Mark können sie eine hübsche Sammlung aufbauen.

Einsteckbuch oder Album?

Als erstes braucht der Sammler ein Album. Für den Anfang reicht ein billiges Einsteckalbum. Wenn man sich für ein bestimmtes Sammelgebiet entschlossen hat, wird man meist zu einem richtigen Album über-

41

gehen. Am billigsten und interessantesten ist es, sich selbst ein Album herzustellen. Man kauft sich eine Klemmmappe und leere feste Blätter aus steifem Papier. Die Anordnung der Marken auf jeder Albumseite gestaltet der Sammler nach eigenem Geschmack. Wer die Mühe nicht scheut, läßt sein Album „sprechen". Sprechende Alben nennt man Sammlungen, in denen neben jeder Marke kurze Angaben über Ausgabedatum, Auflagenhöhe und Anlaß der Herausgabe der Marke verzeichnet sind.

Die meisten Sammler haben Vordruckalben. In diesen ist die sinnvolle Anordnung der Marken bereits von hervorragenden Grafikern besorgt. Die Markenfelder sind umrahmt, in den Markenfeldern sind Wert, Farbe und eventuell auch die Katalognummer der betreffenden Marke verzeichnet. Von jedem Satz ist eine Marke abgebildet.

Viele Firmen geben für Anfänger soge-

Was ist ein Jugendalbum?

---

nannte „Jugendalben" heraus. Der Inhalt ist stark gekürzt, teure Marken, mit deren Erwerb der junge Sammler ohnehin nicht rechnen kann, sind fortgelassen. Jugendalben sind billiger als vollständige Alben.

Alle Albenhersteller geben alljährlich „Nachträge" heraus, auf denen die Marken Platz finden, die im vergangenen Jahr erschienen sind.

Die Marken werden entweder mit Klebefalzen in das Album geklebt oder in Klemmtaschen untergebracht. Wer nur gestempelte Marken sammelt, kann sich ohne Bedenken für Klebefalze entscheiden. Die Falze sind kleine teilgummierte Papierstücke, die mit der einen Seite auf der Markenrückseite, mit der anderen Seite auf dem Albumblatt festgeklebt werden. 1 000 Falze kosten etwa eine Mark.

Wie liest man einen Briefmarkenkatalog?

Unentbehrlich für jeden ernsthaften Sammler ist ein Briefmarkenkatalog. In der Bundesrepublik gibt es Deutschland-Kataloge, Europa-Kataloge (mit allen europäischen Ländern außer Deutschland), sowie Kataloge für die beliebtesten Sammelmotive (Europa, Luftpost und so weiter). In den Katalogen sind die Marken des jeweiligen Sammelgebiets lückenlos verzeichnet, dazu Abbildungen der Marken, Auflagenhöhen, Angaben über die Herstellungsart und den Herstellungsanlaß und die Preise. In der ersten Spalte stehen die Preise für postfrische, in der zweiten Spalte die für gestempelte Marken. Bei Marken von vor 1900 gelten die Preise in der ersten Spalte meist für „ungebraucht mit Falz".

In Deutschland gibt es mehrere Kataloge. Die meisten werden von großen Briefmarkenfirmen herausgebracht, die Kataloge sind gleichzeitig eine Angebotsliste.

Nur der „Michel"-Katalog wird von einem Verlag gedruckt, der nicht selbst mit Briefmarken handelt. Er gilt daher als der „offizielle" Katalog. Kauf, Verkauf und Tausch in Briefmarkenvereinen wird meist auf „Michel"-Basis abgewickelt. Alle Kataloge erscheinen jedes Jahr neu und nennen die neuen Preise. In der Schweiz rechnet man nach dem „Zumstein"-Katalog, in Frankreich nach dem „Ivert", in Großbritannien nach dem „Gibbons" und in den USA nach dem „Scott".

Wer postfrische Marken sammelt,

Welcher Sammler braucht Klemmtaschen?

---

also ungebrauchte Marken mit unbeschädigtem Gummi, braucht für sein Album Klemmtaschen.

Klemmtaschen bestehen aus doppelter

42

glasklarer Kunststoffolie; die Marke wird zwischen den beiden Folien eingeklemmt. Sie braucht also keinen Falz. Klemmtaschen kann man in jeder gewünschten Größe beim Briefmarkenfachhandel kaufen, viele Albenhersteller bieten auch sogenannte „Falzlosalben" an, in denen Klemmtaschen in entsprechender Größe schon auf jedem Markenfeld kleben. Diese Alben sind allerdings wesentlich teurer als normale Alben. Für Sammler mit geringen Geldmitteln empfiehlt es sich daher, einfache Alben zu kaufen und die Klemmtaschen nachträglich aufzukleben.

Eine französische Marke und die Seite des Michel-Europa-Kataloges, auf der sie zu finden ist. Unter der Abbildung der Marke steht vor dem Namen des Dargestellten und anderen Angaben die Buchstabengruppe „aep". Diese Buchstaben findet man bei der Nummer 1207, die Marke hat also die Michel-Nummer 1207. Sie kostet postfrisch (linke Preisspalte) 2 Mark, gestempelt (rechte Preisspalte) das gleiche. Höhe der Auflage der Nummer 1207 (klein gedruckt unter den Preisen) 1 100 000 Stück. Der halbfette Satz über den Abbildungen besagt, daß der ganze Satz am 7. Juni 1958 zugunsten des Roten Kreuzes erschien (der Zuschlag dieser Marke, 15 Francs, floß also dem Roten Kreuz zu). Der Satz wurde in „StTdr" = Stahlstichtiefdruck gedruckt und ist K 13 gezähnt, das heißt, auf 2 cm kommen 13 Zähnungslöcher.

422 Frankreich

1191. 25 Fr. bläulichgrün/dunkel-
 violettblau/braun .... ady 1.40 1.40
 Satzpreis (4 W.) 4.— 4.—
Auflagen: Nr. 1188 = 2905000, Nr. 1189 = 2690000, Nr. 1190 = 2800000, Nr. 1191 = 2720000 Stück.

 1958, 12. April. So.-Ausg. zur Weltausstellung 1958 in Brüssel. Serveau; Piel; StTdr.; gez. K 13.
adz) Pavillon von Frankreich
1192. 35 Fr. schwarzoliv/schwarz-
 grün/blau .... adz —.90 —.90
Auflage: 3600000 Stück.

1958, 19. April. 2. So.-Ausg. Widerstandskämpfer. Decaris; StTdr.; gez. K 13.

aea) Jean Cavaillès (1903–1944) Decaris
aeb) Fred Scamaroni (1914–1943) Pheulpin
aec) Simone Michel-Lévy (1906–1945) Decaris
aed) Jacques Bingen (1908–1944) Pheulpin

1193. 8 Fr. blauviolett/schwarz .... aea —.50 —.50
1194. 12 Fr. ultramarin/schwarzgrün aeb —.60 —.60
1195. 15 Fr. violettbraun/dkl'violett-
 grau .... aec 1.60 1.60
1196. 20 Fr. schwarzoliv/blau ...... aed 1.60 1.60
 Satzpreis (4 W.) 4.— 4.—
Auflagen: Nr. 1193 = 2455000, Nr. 1194 = 2520000, Nr. 1195 = 2420000, Nr. 1196 = 3050000 Stück.

 1958, 26. April. So.-Ausg. Traditionsspiele. und Serres; StTdr.; gez. K 13.
aee) Kugelspiel

aeg) Bogenschiessen
aef) Schifferstechen
aeh) Bret. Ringkampf

1197. 12 Fr. rot/braun .... aee —.50 —.50
1198. 15 Fr. kobalt/dkl'bläulichgrün/
 russischgrün .... aef —.60 —.60
1199. 18 Fr. schwarzgrün/braun ... aeg 1.20 1.20
1200. 25 Fr. braun/blauschwarz .... aeh 1.20 1.20
 Satzpreis (4 W.) 3.50 3.50
Auflagen: Nr. 1197 = 2350000, Nr. 1198 = 2685000, Nr. 1199 = 2585000, Nr. 1200 = 2350000 Stück.

 1958, 17. Mai. So.-Ausg. für die Kathedrale von Senlis. und Mazelin; StTdr.; gez. K 13.
1201. 15 Fr. schwarz-
 blau/dkl'blau . aei —.75 —.75
aei) Kathedrale von Senlis
Auflage: 2800000 Stück.

1958, 7. Juni. Wohlt.-Ausg. zugunsten des Roten Kreuzes. Berühmte Franzosen. StTdr.; gez. K 13.

aek) Joachim du Bellay (1522–1560), Dichter
 Hertenberger
ael) Jean Bart (1651–1702), Seefahrer
 Lalau Combet
aem) Denis Diderot (1713–1784), Enzyklopädist, Dichter und Philosoph
 Mazelin

aen) Gustave Courbet (1819–1877), Maler
 Lemagny Pheulpin
aeo) J. B. Carpeaux (1827–1875), Bildhauer
 Munier
aep) Toulouse-Lautrec (1864 bis 1901), Maler
 Ciry Cottet

1202. 12 Fr.+ 4 Fr. gelblichgrün ... aek 1.40 1.40
1203. 12 Fr.+ 4 Fr. dunkelblau .... ael 1.40 1.40
1204. 15 Fr.+ 5 Fr. schwarzlila .... aem 1.40 1.40
1205. 15 Fr.+ 5 Fr. kornblumenblau aen 1.80 1.80
1206. 20 Fr.+ 8 Fr. orangerot ...... aeo 2.— 2.—
1207. 35 Fr.+15 Fr. dunkelblaugrün aep 10.— 10.—
 Satzpreis (6 W.) 10.— 10.—
Auflagen: Nr. 1202 = 1250000, Nr. 1203 = 1300000, Nr. 1204 und 1207 je 1100000, Nr. 1205 und 1206 je 1 200 000 Stück.

1958, 22. Mai. Freim.-Erg.-Wert. Muller; Piel; Bdr.; gez. K 14 : 13½.
1208. 18 Fr. dunkelgrün .... xe —.50 —.10
Weiterer Wert in Zeichnung xe: Nr. 1226.

 1958, 21. Juni. So.-Ausg. für Bayeux. und Cami; StTdr.; gez. K 13.
aer) Teil eines Wandteppichs der Königin Mathilde
1209. 15 Fr. dunkelblau/bräunlich-
 karmin .... aer 1.— 1.—
Auflage: 2900000 Stück.

 1958, 13. Sept. So.-Ausg. „Europamarken". A. v. d. Vossen; Gandon; StTdr.; gez. K 13.
1210. 20 Fr. rot .... aes 1.— 1.—
1211. 35 Fr. kornblumen-
 blau........... aes 1.20 1.20
aes) Stilis. Taube über lateinischem grossem E und dem Wort EUROPA
Auflagen: Nr. 1210 = 19805000, Nr. 1211 = 9210000 Stück.

 1958, 11. Okt. So.-Ausg. zur Städtefreundschaft Paris–Rom. Decaris; StTdr.; gez. K 13.
aet) Rathaus, Paris, und Kapitol, Rom
1212. 35 Fr. grauschwarz/türkisblau/
 karminrot .... aet 1.35 1.35
Auflage: 3335000 Stück.

Was braucht ein Sammler noch?

Zum Handwerkszeug des Sammlers gehören weiter Pinzette, Lupe, Wasserzeichensucher und ein Katalog. Gewissenhafte Sammler berühren ihre Marken niemals mit der Hand. Alle notwendigen Arbeiten, wie Einkleben, Sortieren und so weiter, nehmen sie mit der Pinzette vor. Die Zähnchen und (bei postfrischen Marken) die Gummierung sind sehr empfindlich. Selbst vorsichtigste Berührungen mit den Fingern können sie beschädigen. Beschädigungen müssen aber unter allen Umständen vermieden werden, weil schon der kleinste Zahnfehler (Beschädigung an den Zähnen) den Wert der Marke mindert.

Mit der Lupe kann man feststellen, ob eine Marke beschädigt ist. Die Fehler sind oft so winzig, daß man sie mit bloßem Auge nicht mehr sehen kann.

Wie findet man das Wasserzeichen?

Der Wasserzeichensucher ist eine kleine schwarze Kunststoff-Schale, in die man die Marke mit dem Bild nach unten hineinlegt. Tropft man etwas Waschbenzin auf die Rückseite, wird das Wasserzeichen deutlich sichtbar. Bei gebrauchten Marken ohne Gummi kann man statt Benzin auch Wasser nehmen. Das Trocknen der Marke dauert dann allerdings länger.

Auf dem Foto rechts sieht man alles, was ein Sammler für den Anfang braucht: Oben links ein Vordruckalbum, darunter eine Schale zum Ablösen der Marken; in der Mitte (von unten nach oben) Lupe und Zähnungsschlüssel, Wasserzeichensucher und eine Flasche Waschbenzin; oben rechts liegt der Michel, darunter ein Einsteckalbum; unten rechts ein Trockenbuch und eine Pinzette. Fortgeschrittene Sammler haben außerdem eine Analysen-Lampe, mit der man die Echtheit der Marke und eventuelle Beschädigungen oder Reparaturen feststellen kann.

Soll man beschädigte Marken sammeln?

Die Preise in allen Katalogen beziehen sich auf unbeschädigte Marken. Beschädigte sind wesentlich billiger, je nach Art der Beschädigung bis zu 95 Prozent. Ernsthafte Sammler lehnen es ab, beschädigte Marken in ihre Sammlung aufzunehmen. Ausnahmen machen sie nur bei Spitzenwerten, die in unbeschädigtem Zustand so teuer und selten sind, daß man nicht hoffen kann, sie je zu bekommen.

Bei wertvollen beschädigten Marken lohnt sich der Gang zum Reparateur. Reparateure sind wahre Künstler. Mit Schabmesser, Lupe und vielen kleinen Geheimtricks zaubern sie fehlende Zähne wieder an die Marke und beseitigen Risse so, daß man mit bloßem Auge nichts mehr feststellen kann. Erst unter der Quarzlampe, einem teuren Spezialgerät, werden die ausgebesserten Fehler wieder sichtbar. Ein Reparateur läßt sich seine Arbeit mit drei bis fünf Prozent des Michelwertes für die Marke in unbeschädigtem Zustand bezahlen. Wer jedoch eine Marke reparieren läßt und diese als „unbeschädigt" veräußert, also verkauft oder tauscht, macht sich des Betruges schuldig und kann bestraft werden.

Zum Handwerkszeug des Sammlers gehören schließlich noch ein Einsteckbuch für doppelte oder für Tauschmarken und ein Trockenbuch. Das Trockenbuch kostet nur ein paar Mark und ist für jene Sammler unentbehrlich, die Marken von der Briefpost ablösen, um sie für ihre Sammlung zu verwenden.

So entsteht aus einer beschädigten eine „unbeschädigte" Marke: Der Reparateur schneidet die kaputten Stellen fort und klebt an diese Stellen ähnliches Papier. Die Übergangsstellen vom echten zum neuen Papier werden mit einem Schabmesser plangeschabt. Dann werden in das neue Papier die Zähnungslöcher gestanzt — nun sieht die Marke aus, als sei sie nie kaputt gewesen

In einen Briefmarkensammler-Verein eintreten und häufig an den Tauschtagen teilnehmen — das ist der beste, billigste und schnellste Weg, eine Sammlung zu vergrößern

Wie löst man die Marken vom Brief ab?

Um eine Marke von einem Brief abzulösen, reißt man das Papier, auf dem sie klebt, aus dem Umschlag heraus. Nicht zu dicht um die Marke herum, sonst kann sie beschädigt werden. Ist die Adresse auf dem Umschlag mit Tinte geschrieben, muß das herausgerissene Papier möglichst ohne Tinte sein; die Tinte könnte die Marke im Wasserbad verfärben.

Die Marke kommt mit dem anhaftenden Papier in ein lauwarmes Wasserbad. Die Marke wird nicht eingetaucht, sondern schwimmt — das Markenbild nach oben — auf der Wasseroberfläche. Nach etwa zehn Minuten läßt die Marke sich leicht von dem durchnäßten Papier herunterschieben. Vorsicht vor Beschädigungen! Nasse Marken sind noch empfindlicher gegen Beschädigungen als trockene! Jetzt wird etwa noch anhaftender Gummi vorsichtig von der Markenrückseite heruntergewaschen, dann kommt die Marke in das Trockenheft. Nach vier bis fünf Stunden ist die Marke trocken. Wer das Geld für ein Trockenbuch sparen will, kann sich notfalls auch mit anderen Büchern oder einer Zeitung behelfen. Wichtig: Während des Trocknens muß das Trockenbuch auf einer harten, glatten Fläche liegen und möglichst belastet werden (Bücher drauflegen!). Die Marke wird so während des Trocknens gleichzeitig „gebügelt" und ist in trockenem Zustand völlig glatt und ohne Falten.

Briefmarkenalben dagegen dürfen nicht liegen, sondern müssen stehen. Briefmarken brauchen Luft, sonst vergilben sie. Luft gelangt aber nur beim stehenden Album zwischen die Seiten. Aus dem gleichen Grund sollen Alben spätestens alle drei Monate einmal Blatt für Blatt durchgeblättert werden. Auch wenn man eine Zeitlang nicht zum Sammeln kommt, sollte man seine Briefmarken nicht verderben lassen. Denn jede Sammlung gewinnt mit der Zeit an Wert.

Das kleine Lexikon der Philatelie

In diesem Register werden nur solche Begriffe erläutert, die im bisherigen Text nicht vorkamen, aber jedem Sammler bekannt sein sollten.

Abklatsch Spiegelverkehrtes Markenbild oder Teil desselben auf Markenrückseite. Entsteht durch Leerlauf der Druckmaschine; dabei wird Farbe auf die Druckwalze gebracht und von dieser auf die Rückseite des folgenden Druckbogens gedruckt

Altdeutschland Marken der deutschen Postgebiete vor Gründung des Deutschen Reiches 1871

Aufdruck Nachträglicher Aufdruck auf eine Marke, wodurch der Landesname, die Wertangabe oder sonst etwas geändert wird

Auflage In einem Druckgang gedruckte Gesamtmenge einer bestimmten Marke

Bedarfsbrief Normaler Brief. Gegensatz: siehe Sammlerbrief

Bordstempel Zusätzlicher Stempel an Bord von Luftschiffen oder Schiffen, der die Beförderungsart bestätigt, z. B. „An Bord LZ Hindenburg"

Briefstück Aus Briefumschlag oder Postkarte herausgeschnittenes Stück mit Frankatur und möglichst vollständigem Stempel

Bug Leichter Knick in der Marke, der das Papier nicht beschädigt hat; oft durch Bügeln oder Pressen entfernbar

Bund deutscher Philatelisten, BDP Dachorganisation aller Philatelistenverbände in der BRD. Hat auch zahlreiche Jugendgruppen

Dauerausgabe Meist in einfarbigem Druck herausgegebener Markensatz für Massenverbrauch und längere Gültigkeitsdauer. Gegensatz: Sondermarken

Dezentriert Bezeichnung für eine Marke mit ungleichen Abständen zwischen Markenbild und Markenrand. Entsteht durch falsches Einlegen des Bogens in die Perforiermaschine

Dienstmarke Nur für den Postverkehr zwischen staatlichen Stellen gedruckte Marke. In der BRD gibt es keine Dienstmarken

Dubletten (doppelte) Marken, die der Sammler nicht für seine Sammlung braucht und zum Tauschen verwendet

Einheit Mehrere zusammenhängende Exemplare der gleichen Marke, z. B. „Pärchen" (zwei Marken neben- oder untereinander) oder „Viererblock" (zwei waagerechte Pärchen untereinander)

Ergänzungswert Postwertzeichen, das nach Herausgabe eines Satzes erscheint, aber noch zu diesem Satz gehört

Erstfalz Klebefalz, der auf einer postfrischen Marke befestigt wird. Bei älteren Marken nicht wertmindernd

Federstrichentwertung Postalische Entwertung einer Marke durch Tintenstriche. Bei klassischen Marken nicht unbedingt wertmindernd, aber bei Sammlern unbeliebt

Feldpost Postdienst, der in Kriegen und Manövern die Post von und zu den Soldaten befördert

Fenster Dünne Stelle im Markenpapier, wird meist erst sichtbar, wenn man die Marke gegen Licht hält. Entsteht z. B. beim Abreißen des Falzes. Sehr wertmindernd

Gefälligkeitsstempel Nur für Sammlerzwecke abgestempelte Marke ohne Postbeförderung

Gemischter Satz Vollständiger Satz einer Ausgabe, der aus gestempelten und ungebrauchten Marken besteht. Wertmindernd

Hinterlegen Reparatur einer beschädigten Marke (siehe Fenster) durch rückseitiges Aufkleben eines ähnlichen Papierstückes in entsprechender Größe

Kehrdruck (tête-bêche frz.) Markenpärchen neben- oder untereinander, von dem eine Marke kopfstehend gedruckt ist

Knochen Sammlerausdruck für stark beschädigte, nicht mehr sammelwürdige Marke

Lokalpost Postwertzeichen mit regional begrenzter Gültigkeit

Lot Größere Menge verschiedener Marken, die zusammen zum Verkauf angeboten werden

Markenheftchen Zusammenstellung mehrerer zusammengedruckter Marken gleicher oder verschiedener Wertstufen in Pappumschlag

Maximumkarte Ansichtspostkarte, deren auf der Bildseite aufgeklebte, entwertete Marke das gleiche Bild zeigt wie die Karte

Paket Briefmarkenpaket, meist in Klarsichtpackung, in dem eine bestimmte Anzahl verschiedener Marken eines Sammelgebietes zum Verkauf angeboten wird

Phosphorstreifen Phosphorhaltiger, fast unsichtbarer Aufdruck auf Marken; dient der maschinellen Sortierung von Briefsendungen für die Stempelmaschinen

Raketenpost Beförderung von Briefen durch Raketen, bisher jedoch nur zu Versuchs- und Propagandazwecken

Rohrpost Beförderung von Postgut über kürzere Entfernungen in Röhren. Die kapselförmigen Postbehälter werden mit Preßluft durch die Röhre geschossen

Rollenmarke Zum Verkauf in Markenautomaten gedruckte Marken. Rollenmarken haben meist eine andere Zähnung

R Philatelistischer Ausdruck für „rar, selten"; RR = sehr selten, RRR = äußerst selten

Rundsendezirkel Zusammenschluß mehrerer Sammler zum Verkauf ihrer Dubletten und zum billigen Erwerb fehlender Marken. Die Dubletten werden in Auswahlhefte mit Falz geklebt und mit Preisangaben versehen; die Auswahlhefte zirkulieren dann bei den Mitgliedern des Rundsendezirkels

Sammlerbrief Brief, den ein Sammler frankierte und (oft an sich selbst) absandte, um in den Besitz bestimmter gestempelter Marken zu kommen

Stecherzeichen Angabe des Stechernamens auf dem Markenrand oder mit kleinem Anfangsbuchstaben im Markenbild verborgen

Stummer Stempel Entwertungsstempel ohne Orts- und Datumsangabe. Wurde vor allem in der Frühzeit der Marken verwendet

Unterseeboot-Post Postbeförderung durch U-Boote, um in Kriegszeiten Blockaden zu durchbrechen

Vollrandig Geschnittene Marke, deren Schnittlinien nirgends den Rand des Markenbildes berühren. Bedeutet meist Werterhöhung der Marke

Vorläufer Postwertzeichen, die in einem Gebiet (z. B. deutsche Kolonien) verwendet werden durften, bis es dort eine eigene Post gab

Vorphilatelie Philatelistischer Ausdruck für die Zeit vor Erscheinen der ersten Briefmarken, also vor 1840

Wellenstempel Entwertungsstempel in Form mehrerer, übereinanderliegender Wellenlinien, vor allem bei Briefstempelmaschinen üblich. Bei Sammlern sehr unbeliebt

Zusammendruck Zusammenhängende Marken verschiedener Motive oder verschiedener Wertaufdrucke

Zweite Wahl Bezeichnung für Marken mit geringen Mängeln

Zweitfalz Bei ungebrauchten Marken auf Falzspur des Erstfalzes angebrachter weiterer Falz. Erhebliche Wertminderung

150

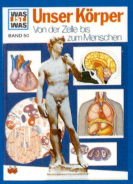
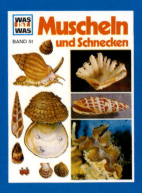

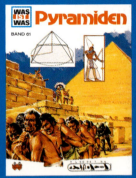
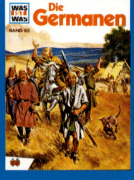

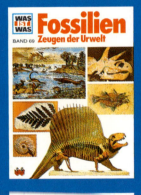
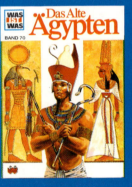
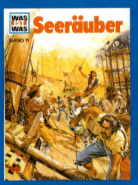
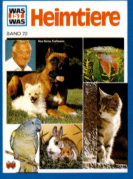

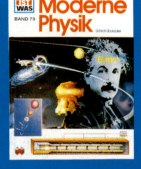

Die Reihe wird fortgesetzt.